給中學生的

成長型思維

男孩指南

作者—奧魯瓦托辛·艾肯德列
漫畫—吳宇實　譯—劉嘉路
審定—陳品皓臨床心理師
（米露谷心理治療體系策略長）

三大關鍵能力，
自信、韌性、恆毅力
一次學會！

給中學生的成長型思維：男孩指南

目錄

企劃緣起

從十三歲開始，培養面向未來的關鍵能力！

文／親子天下董事長兼執行長　何琦瑜

寫給讀這本書的青少年：

打開這本書的你，可能每天被考不完的試、寫不完的功課，或總是背了又忘、忘了又要背的課本，霸占了多數的青春時光。也或許你看穿一切，根本已經放棄；或是你正在學校裡打混，想辦法在老師和父母所給的壓力夾縫中求生存。不論如何，偶爾在你發呆、打手遊、看 Youtube 的餘暇中，或是埋首功課煩悶的夜晚，一定曾經想過：這一切，所為何來啊？白話翻譯就是，我現在花這麼多時間做的事情、學的這些東西，到底以後，是可以幹嘛的呢？

如果你腦海裡曾經閃過這個「大哉問」，恭喜你，這代表你開始對自己的未來有所想像和期許！如果你試圖主動思考、想要安排規劃「你的人生」

（而不是你爸爸媽媽交代而勉強去做的喔），那麼這個系列【十三歲就開始】，就是為你準備的。

學校沒有教，卻更重要的事

你對自己的未來有什麼夢想和期許？想當畫家或歌手？銀行家或老師？或是你根本沒想那麼遠，只想變瘦一點讓自己更有自信，或是想要多交朋友讓自己更快樂；也許你希望英文變好一點可以環遊世界，或是可以更有效率的通過考試念到好高中或大學……，不論那個「未來」是遠是近，是什麼樣的圖像，只要你想要「改變」什麼，「完成」什麼，你就已經開始學習，為自己的人生掌舵。就像開飛機或開車，你得要先經過駕訓班，裝備一些開車開飛機的基本概念、操作技術和能力認證，才能上路；「掌舵」你自己的未來，也需要裝備一些「關鍵能力」，能夠幫你更快實現夢想、達成目標、真正負起責任，並取得別人的授權與信任。

這些必須裝備的「關鍵能力」包含：

- 認識自己的長處和優勢、懂得為自己設定方向的目標力
- 計畫、改善、行動的執行力
- 獨立思考、解讀判斷的思辨力
- 用文字和口語，論情說理、表述清晰的溝通力
- 與他人相處、合作、交往的人際力

【十三歲就開始】是陸續往這些關鍵能力發展成書的系列。書裡面沒有「老人的教訓」，而是幫助你上路的「使用說明」。因為我相信，開始讀這本書的你，一定是個極有主見，而且時時想要讓自己更好的讀者。你聽的嘮叨夠多了，我們不必多加贅言。所以，我們替你綜整各方各派有用的方法和工具，深入了解這個年紀開始碰到的「痛點」，提供具體的「行動方案」。書裡各式各樣發生在生活裡的難題和故事，也幫助你提前想一想：如果換做我是主角，面對同樣的兩難，我會怎麼做？

這個系列中各書的主題，都是你馬上用得到，生活裡就能馬上練習的能力。有時間和心力的話，你可以照表操課，不斷演練改進。若沒有餘裕，也可以讀一讀書，找到一、兩個適用的工具或提醒，謹記在心，潛移默化的向目標前進。

有些大人認為，少年人都沒有韌性和恆毅力。我不相信這個說法，相信你也不會服氣。【十三歲就開始】這個系列，就是希望能陪伴有志氣的你，務實做好面對世界、面對未來的準備。讓你有信心的說：「相信我，我做得到！Yes I can !」

專家推薦

青春期的挑戰：心理韌性的奠基與學習

文／米露谷心理治療體系策略長　陳品皓

長年的臨床工作下來，我和米露谷團隊的夥伴們累積了大量與青少年共同合作的經驗。這些經驗讓我們深刻地意識到：對許多青少年來說，邁入青春期是一段充滿挑戰又徬徨的階段，此時孩子們內心本就有矛盾和拉扯，如果再加上人際關係、學習成就與自我定位等等的衝突和疑惑。這就會是一段需要許多理解和消化的煎熬階段，也是相當需要大人引導與陪伴的徬徨時刻。

對許多孩子來說，我們認為在這個階段最重要的心理發展任務之一，就會是「心理韌性」，而心理韌性落實在生活中的行動與態度，就是「成長型思維」。

在治療所的實務現場，我們團隊常常發現家長們對孩子的期待是要勇敢、要堅強、要面對、要忍耐、不能逃避困難，面對失敗要有「打斷手骨顛倒勇」的氣勢等等。在這樣的思維之下，孩子一旦有懦弱或難過的反應，就是心理不夠強健。類似上述的傳統觀點，在大腦科學與正向心理學越來越普及的今日，我們對韌性已經發展到有別於以往的認識：

「心理強度，並不是能不能堅強忍耐不喊痛，而是可不可以在經歷挫敗之後，消化這些挫敗，變成滋養自己的養分。而成長型思維，則是心理強度的實踐行動與態度之一」。

所以在面對挑戰或可能的失敗時，孩子擔心害怕，或是想要逃避，這些都是正常的。更重要的是，我們除了理解以外，還能在這樣的理解上，在教養中做出適當的引導與回應，進而協助孩子培養願意面對困境、接受挑戰、並從中得到學習的態度。

儘管這些目標和方向理想又美好，但是在青春期孩子身上，還是經常會因人際、學業、情感等日常生活中各式各樣的挑戰，而讓有心培養孩子韌性、建立成長型思維的家長感到不知所措，不知道如何在每天起起伏伏、追趕跑跳碰的生活中，落實這些教養目標。

這也是我相當欣賞本書的原因之一。因為它從第一人稱的觀點，將生活中常遇到的困難與挑戰如實的帶入書中，直接以生活為師，透過清楚又易懂的漫畫和對話形式，將成長型思維的元素以好讀好懂的方式，輕鬆帶入讀者們的認知中，讓生硬的道理成為可獲得共鳴的生活經驗，內化成為讀者態度的一部分。

本書透過生活化的漫畫，把青春期孩子面對挑戰時的感受與想法真實且同理的呈現，讓孩子們能隨著作者貼近又柔和的步伐，開始慢慢理解自己內心隱微又抽象的狀態，透過這樣的理解，建立起自我覺察的開始，而這個正是成長型思維重要的元素之一。同時，本書除了同理孩子的心境之外，也在每一個章節中提出了實用又很容易操作的建議，這不只是知識性的內容，也提供了體驗、嘗試與累積經驗的機會。對於成長型思維的心態養成來說，透過經驗的親身實踐與累積，更有機會內化成為態度的一部分。

基於以上種種優點，不論是正處在艱澀徬徨的青春期孩子們，還是每一位用心陪伴孩子的大人朋友們，我都想誠心的和您推薦《13歲就開始：給中學生的成長型思維》這套書，讓我們一起陪著孩子在成長的路上，共好前進。

第1章 觀念篇

透過成長型思維，
發掘自己與生俱來的力量

你的聲音、感受、想法和情緒都很重要

你很重要，你有能力把目光放遠、做偉大的夢想。我是名為奧魯瓦托辛・艾肯德列的臨床心理師，每天都和跟你一樣的男孩相處、合作，幫助他們發掘自己與生俱來的力量、建立自信。其實，不管你有沒有聽過成長型思維，你以前已經運用過這種思考方式了。只要想一想，每一次你鞭策自己去嘗試新的事物，或是你努力讓某一件事變得更好的那些時刻，都屬於成長型思維的一部分，而你接下來還會更加認識這種正向的思考力。

要讓自己盡可能變得快樂和成功，你需要的工具就在你的眼前，這本書就像一張地圖，引領你跨越生活中的各種阻礙和困難。你會學到如何設定目標、啟動冒險、擁抱挑戰，同時增進你和老師、朋友以及家人之間的關係。隨著你年齡增長，你會進入不同的學校和團體。你會體會到很多「讓你之所以是你」的經歷和挑戰。有些挑戰看起來很困難，甚至沒辦法應對。但是，透過練習，你會發展出足以面對任何事情的技能。現在就來認識你是誰，以及你可以成為什麼樣的人。

透過練習，開始成長！

探索這本書，沒有所謂正確的或是錯誤的方式。你只需敞開心胸，隨著自己的步伐前進就好。你會讀到許許多多的新點子，不過別因此感到心慌。這本書分成不同的章節，讓你能夠以自己的步伐好好體會、享受每一件事情。書裡的每個段落有很多的練習、活動和遊戲，能夠幫助你培養成長型思維的技巧。祝你練習愉快！我們的大腦一向喜歡記住各種讓我們感到興奮的資訊。你花越多時間練習這些技能，就越能把它們內化，再自由運用。

讀這本書的時候，若是想先跳到一些你覺得跟自己最相關或是感到有趣的段落，也沒關係，你可以按照自己選擇的順序來做這些練習。等到你需要釐清楚更多的概念，或是做更多的練習時，可以隨時回到之前跳過、沒讀到的部分。你也可以隨時跟你信任的朋友或家人分享自己的想法，向他們提出你的疑問。

這本書是為所有生理或心理性別是男孩或年輕男性的人而寫的。每個在你生命中的人，都有他自己學習、犯錯以及再度嘗試的經驗。他們能提供你很多很好的建議，能幫助你設定自己的目標和發現自己的成長路徑。

不妨把這本書想成是個安全基地。它不是教科書，因此也不會有任何考試。當你在嘗試新事物、發掘和挑戰各種方法時，要對自己和善些、有耐心些。記住，沒有人在第一次的表現就是完美的。現在，拿起筆、啟動你的創意腦，我們要開始了唷！

使用本書的方法：

本書特別列出在你的日常生活中，最容易思考卡關的八大痛點，運用成長型思維的架構提供簡單、可行的解決方案。每個痛點的解說都包含了：

每一則痛點會先以漫畫故事開場，讓漫畫人物帶領你找出問題點。

每則漫畫提供心理師針對角色與情境的分析，並給予有效的應對建議。

跟著文章裡的引導，啟動思考力，一步步給予自己正向的能量。

透過勵志金句，增進成長的勇氣。

使用本書時，你可以按照順序，從第一單元進行到第八單元。如果你很清楚自己的問題點，也可以直接從你覺得有幫助的問題點，開始研讀。

條列原則和技巧，建立成長型思維的各項能力。

每個單元提供數個延展練習，讓你經由練習運用成長型思維，增進正向思考的能力。

從測驗中，反思自己擁有哪些能力，又有哪些不足。

從寓教於樂的遊戲中，建構成長型思維。

每個單元提供一則男性名人故事，看看他們如何運用成長型思維，化為行動力，完成心中的目標。

漫畫人物介紹

接下來的每一個單元，都會由這幾位可愛的漫畫人物來陪伴你運用成長型思維解決各種思考卡關的問題點，他們每一個人都有一些思考上的盲點，找找看誰的問題點和你最相近，跟著他們一起解決這些困擾吧！

奇奇

領導性格，較有主見，
但容易杞人憂天。

佑仁

擅長規劃，完美主義，
不容許有人不按照計畫
進行。

能包容不同想法和錯誤，
個性溫柔，最佳後援。

喜歡拍照，點子多，
不按牌理出牌。

害羞內向，熱心助
人，較不敢嘗試新
事物。

痛點 1

我沒辦法控制自己的想法，我覺得我改變不了

當你真的很想做到，
全世界都會幫你。

嘿，快放暑假了，你們有沒有打算要做什麼？
那麼熱，待在家裡吹冷氣最好。
這樣太無聊了，要不要來想點特別的計畫？
小孩子才做選擇，當然全都要！
打球？吃美食？騎自行車？旅遊？
講真的嗎？如果真的想要我們就來規劃。

耶，來規劃！
「夢想實踐板」
嚇！你隨身攜帶這種東西？
來，把想做的事都寫在這個板子上吧！
.打球
2.吃美食
3.騎腳踏車
4.環島
5.看風景
7.
8.
騎自行車環島怎麼樣？
騎到哪就玩到哪、吃到哪。
聽起來不錯，但是全程都騎車，會不會太累？
可能會累到吃不下東西，哈哈。

或是我們搭火車，到當地再租自行車。
那就要自己去訂票了！
坦白說，我沒有坐過火車。
你沒坐過火車？怎麼可能！
因為我爸都開車啊！
我想試試看坐火車，一定很好玩。
我會訂車票，沒問題，包在我身上。
你也學起來，以後就可以自己買票坐車出去玩了。
會不會很難？
很簡單的。
好，到時你們再教我。
不過……其實我到現在還不會騎自行車耶……
沒關係啦，學就會了！我教你。

我不敢騎。
哇……
哲哲，你想不想一起去環島嘛！
想啊。可是……很多人都說早點學騎車比較容易學會，
可是我都13歲了，我很怕學不會啊……
別擔心，你只要願意開始，就能學會！
……還是我不要參加，你們自己去就好……
逃避
不行，不能放棄，
你也要一起去！
我學不會啦！

生活中有許多新事物讓我們感到很好奇，會想要嘗試看看。矛盾的是，每當出現想嘗試新事物的念頭時，心中另一個想法就會跑出來阻礙我們；那就是「害怕失敗」。「害怕失敗」是非常常見的現象。許多人在面對未知的挑戰、對結果沒有把握時，心中第一個念頭都會是：「如果失敗怎麼辦？」、「如果做不好很丟臉耶！」、「這樣一定會被嘲笑的。」當有這些念頭浮現時，就會讓我們非常害怕踏出嘗試的第一步。

其實，「害怕失敗」是非常正常的。人之所以害怕，是因為我們都希望能把事情做好、做對、做到受人肯定。在這樣的期待下，自然會把失敗當作很大的威脅。就像故事中的哲哲也想跟大家一起去環島，但又害怕在一段陌生的旅途中要嘗試許多不熟悉的事物，擔心自己做不好，最後選擇了拒絕大家的邀請，差點錯過成長的機會。

所以當你發現自己「害怕失敗」時，請記得對自己說：「我害怕失敗，是因為我在意，這是一個很積極的動機。我可以試著把心思放在可以增進成功機會的地方。」故事中的奇奇、佑仁和維恩，發現哲哲害怕自己不會騎自行車的事，決定一起幫助哲哲，帶他練習。當你有害怕的心情時，也可以把你擔心的事主動告訴可信賴的朋友，或許他們可以帶給你勇於改變的力量。

分辨成長型思維和固定型思維

在你身體不斷成長的同時，你的大腦也在成長。它以令人欣喜的方式改變著，有著無限的潛力，用來學習。在你兩歲之後，你的大腦透過每天的生活體驗，不斷發展出各種連結，這些連結會因為你的成長環境而成形。在你目前的年齡，你現在應該能夠分辨你所面對的事情是「非常困難」或「不是非常困難」之間的差異了。這種差異在你開始表現出成長型思維或是固定型思維的特徵時，更加明顯。

成長型思維就是「相信自己」，以及「相信自己有能力克服挑戰」。你曾看過幼兒試著做他們自己一人還沒辦法做的事情，像是走路或是爬行嗎？在他們嘗試、失敗之後，他們是因此放棄，還是繼續嘗試呢？我從來沒有見過一個幼兒想要某樣東西，卻因為沒有大人幫忙，便決定放棄。他們會一再的嘗試，這種執著和堅持，就是成長型思維的一部分。成長型思維的反面是固定型思維。當你有固定型思維時，表示你相信所謂的技能，是出生之後就有的特質。如果你不擅長某件事情，你心裡的固定型思維會認為自己永遠不會把這件事情做好，不管自己花多少時間和努力都一樣。這裡就有一些例子：

思維圖表

成長型思維	固定型思維
我珍惜並且歡迎任何人給我回饋，因為它會幫助我學習和成長。	當我收到別人的回饋時，感覺就像是被人責難。
學習溜直排輪的過程很複雜，但是我知道自己會越來越好。	某些人天生就擅長溜直排輪，我永遠也不會像他們一樣厲害。
永遠都有改進的空間。	我已經是很不錯的寫作者了，不需要再加強什麼。

你擁有哪種思維？

在下表中，把最能描述你的例子圈出來。在這裡，誠實相當重要。如果你的反應偏向於固定型思維，不要擔心，這是正常的！每個人都有某些部分落入固定型思維，在其他部分則落入成長型思維。

成長型思維	固定型思維
我把失敗看成是成長的機會。	如果我不去嘗試就不會失敗。
我可以學會做任何事情。	我總是擅長做某件事情，或總是不擅長做那件事。
別人的成功能夠鼓舞、啟發我。	我妒忌其他人的成功。
當我感到挫折的時候，仍然會繼續嘗試。	當我感到挫折的時候，就會直接放棄。
我很喜歡嘗試新事物。	我只做自己知道的事情。
自己有需要的時候，會開口尋求幫助。	我不會開口尋求幫助，因為別人可能會認為我不知道怎麼做那件事情。
如果我一開始沒成功，還會再嘗試一次。	如果我一開始就沒有成功，表示我應該要去做別的事情。

透過學習，獲得成長型思維的技能

三十多年前，心理學家卡蘿・德威克（Carol Dweck）發展出「成長型思維」的概念。她的研究顯示，「相信自己可以做到某件事情」具有一種強大的力量。她描述，信念可以影響人們去想要獲得什麼樣的事物，以及他們能不能在那些事物上獲得成功。德威克博士的研究顯示，擁有成長型思維的人，把挑戰看成是進步的方法。他們往往比較能夠好好面對問題，並從中學習。

回想一下，自己曾經想做某件事情，當下你不知道這件事有多困難，而你的第一個直覺反應，可能會讓你因此停下腳步。但是，如果你繼續堅持下去，試著找出應對挑戰的方法，你展現的便是所謂的成長型思維了。德威克博士說，成長型思維是成功的必要元素。好消息是，我們可以透過學習來獲得成長型思維的技能。光是打開這本書閱讀，你已經開始培養出這些技能了唷。

建立成長型思維的原則

成長型思維並不能定義為單一事件或習慣，我們得遵守一些原則，將它們結合起來，才能形成。

- **認真和努力是成功的要素，而不只是靠天分。**每個人都會在某些事情上有天賦，但是你仍然需要努力來強化這個天賦，進一步鞏固它，使它能發揮最大用處。
- **錯誤和失敗能幫助你學習。**大家都會犯錯，沒有人是完美的。重點在於，從錯誤當中學習，並試著不要重複同樣的錯誤。
- **你可以創造正向的想法。**當你沒注意到的負面想法或念頭悄悄進入心裡時，你可以重新架構它們。這是一種趕走負向和消極性想法的方法。舉例來說，「這項作業對我來說非常困難，我根本就不應該去嘗試！」的負向想法，可以重新架構成「這項作業真的很難耶，不過我下一次會準備得更充分。」的正向想法。

挫折是成長的一部分。當你犯錯時感到沮喪，表示你在乎、在意這件事。下一次，當你做某件事情失敗了、感覺到沮喪時，要給自己一些時間和空間去體會這感受。然後，開始思考自己可以如何找出不同方法來改善。

回饋和批評是改變的重要元素。接受他人的回饋有時候並不容易，只要記住，別人給我們回饋，是因為他們想要看見我們成功。

重新架構想法和念頭

讓我們來練習重新架構對自己沒有幫助的想法和念頭。當你注意到一些消極性的想法或念頭偷偷進入心裡時，試圖將它們改變成更有用的想法，這就是「重新架構」。

在下面每一個消極的想法尾端畫一條線，連到右邊適合它的重新架構形式。在最下方的空白處，寫下一個在你心頭閃過的消極性念頭。接著，試著重新架構這念頭。你越常練習重新架構消極的念頭，它們就越不會產生負向的影響。

消極的念頭	重新架構後的想法
我總是不斷做出愚蠢的錯誤！	偶爾忘記事情，並不表示我就是糟糕的朋友。
我忘了朋友生日，我是世界上最糟糕的朋友。	以後，我只要更加小心就可以避免這種錯誤。
我這次考試不及格，是因為我的科學一向就很糟糕。	我要再努力念書，下一次的考試就會表現得更好。

發現自己的熱情所在，大步邁進

當你對某件事情感到很有興趣、很熱血的時候，表示你真的在意這件事情。去想想某個你敬佩的人，任何人都沒有關係，像是職業運動員、世界級的遊戲玩家，或是你班上很會安排超酷活動的同學都可以。光是你能夠辨認出這些人，就表示你認同他們的辛勞和努力，他們的熱情引領他們走向成功。培養成長型思維可以幫助你發現自己的熱情所在，讓你走向通往成功的道路。

能夠規律的在一件事情上努力很多個小時，就是熱情的展現。你欽佩的人並不是一夜之間就成功的，他們都得從某個地方開始，也必須要用成長型思維讓自己堅持下去。想一想你對自己很有熱情的事物是怎麼應對的？那種熱情如何轉化成行動？舉例來說，如果你對唱歌或是唱饒舌歌很有興趣，這種熱情就可以鼓勵你自己去學習如何彈奏一項樂器或是打節拍。成長型思維能夠讓你往外擴展，擁抱新東西，即使你剛開始的時候感到很吃力也一樣。這能夠打開你的心扉，面對各種令人興奮的新體驗。

將成長型思維化為行動力！

林書豪（Jeremy Lin）一九八八年出生在美國加州托倫斯市的臺灣移民家庭。在他籃球生涯中待過的每一支籃球隊裡，林書豪都必須不斷努力爭取自己的立足之地。他在哈佛大學的籃球校隊中，屬於替補球員，意思是他沒有獲得任何運動獎學金的補助。當林書豪在二〇一〇年以非保障約球員的身分加入金州勇士隊，他知道自己沒有太多上場的機會。一直到二〇一二年，被交易到紐約尼克隊之後，才有了上場打球的機會。林書豪抓住這個機會，盡全力發揮，不斷創下紀錄。在二〇一二年歷史性的加入尼克隊，一直到二〇二一年，總共為九支美國職籃隊伍和七支不同的籃球隊效力過，從不讓籃球生涯的變化，使自己分心或擊敗自己。他利用成長思維，堅持不懈的面對不斷出現的變化，不管自己待在哪支隊伍，永遠拿出最好的表現幫隊伍得分。

創造自己的夢想實踐板

夢想實踐板是一種把自己的興趣展示出來的方法，來激發自己去探索。實踐板上通常有照片、手繪圖、從雜誌上剪下來的圖片，甚至是有文字和成語等等。利用下面的空間，創造你自己的夢想實踐板吧。你可以用圖片或是自己畫的圖像和文字，來代表你感興趣的活動。當你需要靈感或是動機的時候，就翻到這一頁的夢想實踐板來鼓舞自己。

你的超能力是什麼？

並非一定得在漫畫書和超級英雄電影裡，才看得到超能力。你知道你擁有屬於自己的超能力嗎？那些都是你獨一無二的優點和能力，任何你擅長做的事情就是你的超能力。它有可能是你凡事抱持正向的態度，或是比同年級學生更加厲害的閱讀能力。和超級英雄一樣，你可以利用自己的超能力來面對挑戰、解決問題。你是個仁慈的人嗎？如果是，這也可以成為你的超能力之一唷！仁慈會讓你幫助其他人、提振他們的心情，讓他們臉上露出笑容。更棒的是，它也可以讓你撐過困難的時刻。舉例來說，當你做了某件事情，但結果卻不如你預期，這時候，就展現你的仁慈超能力吧。與其生自己的氣，倒不如對自己和善些，安慰自己：下一次會做得更好！

選擇你的超能力

每一個人都有超能力！在下面的字謎裡，找出十二個不同的能力並圈出來。然後把符合你的能力的字彙勾選出來。

越	挫	越	勇	賽
音	好	脾	氣	跑
樂	奇	思	妙	想
耐	心	幽	默	像
誠	實	創	造	力

越挫越勇	奇思妙想	想像力	誠實
創造力	音樂	賽跑	耐心
好脾氣	幽默	好奇心	勇氣

堅持下去就對了！

你能不能回想出一件事：一開始做這件事時非常興奮，不過隨著時間過去，這事情變得越來越困難？在這種情況下，你通常有兩種方法可以選擇：展現出固定型思維，選擇放棄；展現成長型思維，想辦法找出新方式堅持下去、撐過難關。堅持不放棄某件事情並設法解決的能力，我們稱為「恆毅力」。意思是，就算出現阻礙，你仍持續做著同一件事情，堅持不懈。即使可能很困難，我們大家都可以練習「恆毅力」，讓這超能力越來越好。你曾經試過解決一道很複雜的數學題目，結果卻算錯了嗎？在這情況下，恆毅力會讓你嘗試不同的方法來解出這道數學題，而不是直接放棄。

唯有在完成一項困難的工作或任務之後，才能帶出一定程度的興奮感和成就感。當然，「說」永遠比「做」容易。新挑戰可能讓人感覺很恐怖、不知所措。克服阻礙的最好方式，是隨時在心裡描繪自己期待的結果，把你想要的結果形像化。這麼說吧，假設你在滑板公園，想要在坡道上嘗試新的技巧。這時候，你要想像自己成功的模樣，而不是去害怕坡道的陡度。

恆毅力檢驗

我們現在來認識不同型態的恆毅力。仔細讀過下面的場景，圈選出展現出恆毅力的回答。如果你沒選到正確答案也沒關係。這是一個學習過程，我們還有很多地方要學習呢！

1. 你在打籃球時滑倒了，因此讓你的隊伍輸掉了比賽。你會：

a. 認定自己不擅長打籃球，因此選擇放棄。

b. 花更多的時間跟教練和隊友一起練習。

2. 在學校排練話劇的時候，你老是忘掉自己的臺詞。你會：

a. 告訴導演，自己做不到。

b. 花額外的時間去記住自己的臺詞。

3. 你錯過了公車，因此上學遲到。你會：

a. 試著在早上的時候提早走出家門。

b. 變得沮喪，責怪自己偏偏不是早起的人。

答案：1.b 2.b 3.a

成長型思維的好處

擁有成長型思維，可以在你生活的各方面得到幫助，不管是學校生活、家庭生活，或是你的興趣嗜好。舉例來說，它能夠刺激你去發展出扎實的讀書習慣，而這能改善你的學業成績。

不論你在一件事情上有多麼厲害，總還是有可以進步的地方。當你在學習一項新技能的時候，恆毅力就變得相當有用。我們每天都在學習新事物，新技能有時候相當具有挑戰性，但是恆毅力能夠讓你不放棄。不妨挑戰自己，持續尋找讓自己更進步的方法。一旦你採取成長型思維，就會開始用不同的角度看待挑戰。這些挑戰不再是路障而成為了地圖，等著你發現新路徑，邁向成功。這也表示你會獲得更多的樂趣！如果你今天對於成長型思維的想法仍然感到很吃力或糾結，那也沒關係，明天又是新的一天，再繼續了解它。

覺得自己不會做某件事情，這就是所謂的「自我設限」，表示你在開始之前就放棄了。如果你認定自己喜歡公開演講（或其他活動），也想要學習這件事，那麼成長型思維的展現應該是像這樣的：「我還沒辦法在大眾面前說話，但這是可以練習。」或是「我知道自己在公開演講時仍然會覺得緊張，但這樣是很正常的！」

一旦你開始把自己還不會做的事情，看成是一個嘗試、實驗、值得深入了解和學習的機會，你的世界也就開闊起來。你相信自己透過時間、專注、耐心和恆毅力，有一天會學起來的。你信任它會帶自己到新的地方，讓生活更加有趣和刺激。

我還有很長的一段路要走，還有很多要學習與努力的地方。

——林書豪，前臺裔美籍NBA職籃球員

痛點 2

面對新事物，我總是學不會。

訓練你的腦，它會變厲害。

抓穩喔，
我要放手嘍！
不要停下來，繼續踩，往前就對了。
呃
抖
抖
啊
抖

抓
哈！你太緊張了，再試幾次就好了！
哇──
！
試了十次
好難喔，
我根本沒有天分，一定永遠學不會……
神奇的腦！
嚇！你哪來這東西？

書上說，只要持續學新事物，你的腦會越來越厲害！
你看，這裡是小腦，掌控你的平衡感！
這裡是大腦，可以透過神經傳導，把你的……
……
夠了夠了，我學就是了。
不然你先練平衡感好了，先不要往前騎。
把雙腳抬起來，像這樣，維持不要倒下來就可以。
好，我試試。
不斷練習……
你成功了！

你再往前騎騎看。
加油！加油！
你快學會了啦，已經可以越騎越遠了。
停下
多練幾次可以騎得更好。
接下來我們要練體力。多吃、多睡、多運動！
這樣好了，七月暑假，每天早上六點，河濱公園集合，一起騎車。
八月出發去環島！
噢，好早，我起不來。
我還是在家吹冷氣好了。
休想逃！

每次在面對任何你沒嘗試過的事物時，人腦有一種很特別的設定，就是我們總會用「最糟糕的角度」來思考事情的後果，因此裹足不前，尤其是面對自己不熟悉的挑戰時，更是明顯。

我們的大腦之所以如此，是因為這樣才能夠幫助我們未雨綢繆、防患未然，避免犯錯帶來對生命的威脅。所以如果你也常常發現自己在面對許多全新的事物，或是不熟悉的任務與挑戰時，會擔心、會害怕，甚至不敢開始的話，這很正常，大家都會有類似的感覺。

這時該怎麼辦呢？跟你分享一個或許可以嘗試看看的小技巧，你可以把整個大挑戰拆解成一個一個更簡單的小任務，然後先從這些小任務開始練習，等到過關之後，再挑戰下一個任務。透過這樣的拆解，你就會發現不但事情比你想的簡單，而且你都有能力面對。就像維恩想出的辦法，在學習騎自行車這件事情上，先從練習平衡開始，再慢慢往前一步一步累積。哲哲也因此經由不斷的練習，從一開始的排斥和受挫中，慢慢學會了。

你的腦是這樣工作的

你的腦要一直到你二十五歲的時候，才算發育完全。即使到了那時候，你的腦仍然會繼續調整、適應和改變。這聽起來是不是相當驚人？事實上，我們之所以可以在任何年紀持續學習新技能，原因就在於：我們有一個了不起又複雜的腦。在這一單元，我們要進入你的腦裡，瞧一瞧它是怎麼運作的。你會認識腦裡許多不同的部分，並明白它們各自的功能。一路上，我們也會繼續探索成長型思維，以及你的腦可以如何幫助你的思維運作。

腦這個器官會控制你全身上下各處，命令它們做事，像是讓你可以開口說話、揮手、呼吸等。它不只負責我們生理上的行為，也同時掌管我們的想法、念頭、記憶和情緒等反應。

我們的腦是神經系統（nervous system）最主要的部分。它是一個相當龐大的網絡，包含了連接到我們身體各處的無數條神經。這些神經發出訊號給腦，腦再告訴我們的身體如何做出反應。當你碰到發燙的東西，或是聞到迷人的味道時，這些資訊會透過神經傳送到你的腦裡。簡單來說，我們的腦像是一臺電腦，處理各種資訊並控制身體的各種功能。之後，神經系統再接力傳達到我們身體不同的部位。

只要你活著，你的腦就會持續不斷的學習新事物。透過神經功能重塑（neuroplasticity）的過程，這都是很有可能的。這名詞聽起來可能很複雜，簡單來說，它指的是我們的腦隨著時間成長、改變的能力。如果你學過騎自行車，你可能還記得自己剛開始學的時候有多麼困難，甚至可能記得那感覺相當可怕。不過，你透過練習，最終還是學會了。你的腦跟身體的任何肌肉一樣，越使用它，它就越強壯。這也解釋了當你練習做某件事情的時候，就是在引導你的腦去理解、明白怎麼做這件事。這就是為什麼堅持不懈的做某件事很重要，即便它一開始的時候很困難也一樣。你在訓練你的腦變得很厲害！

認識你的腦掌管哪些功能

你的腦是由不同的部分組成，每個部分有不同的功能。我們來看看這些部分各自掌管哪些事，以及它們如何運作。

◆ **大腦（cerebrum）：**占據你的腦最大部分。大腦掌控你的思緒、身體動作和記憶力。你昨天晚餐吃了什麼？你的幼稚園老師是誰？你能回答這些問題，都是因為你的大腦發揮作用的緣故唷。

◆ **小腦（cerebellum）：**你在翻閱這本書的時候，注意自己是如何使用雙手和手指。這些動作的精準度要歸功於你的小腦。小腦也掌管你的平衡感，當你坐著的時候，你的小腦幫助你的身體保持挺直。

◆ **腦幹（brain stem）：**把手放在心臟的位置，你有感覺到自己的心臟撲通跳動嗎？你的腦幹負責管理身體會自動運作的事情，像是心跳、呼吸、消化食物，以及打噴嚏等。身體的反射動作也是由腦幹負責控制的，當你失手掉了某樣東西，在它撞到地面之前，你的反射動作會採取行動，趕緊抓住它。腦幹把你的腦部連結到脊椎神經。

◆ **杏仁核（amygdala）**：杏仁核的主要工作是調節和處理情緒。當你處在令人驚慌的情境中，它給你選擇，看你是要對抗、愣在原地、跑開，或是昏厥倒下去。它在你做決定的同時，扮演了重要的角色。如果你擁有固定型思維，原因可能是你的杏仁核讓你很難接受新挑戰。這是因為它試著在你回應恐懼時，保護你的安全——杏仁核控制你回應危險和生存的能力。

◆ **前額葉皮質（prefrontal cortex）**：負責你做選擇、規劃事情，以及自我控制等。你選擇今天穿什麼衣服、午餐吃什麼，以及你如何規劃一天的活動，都屬於前額葉皮質負責管理的範圍。前額葉皮質對於成長型思維是非常必要的，因為它幫助你承擔潛在的風險。你不需要擔心失敗，因為你的前額葉皮質會幫助你順利度過所有的挑戰。

腦的構造

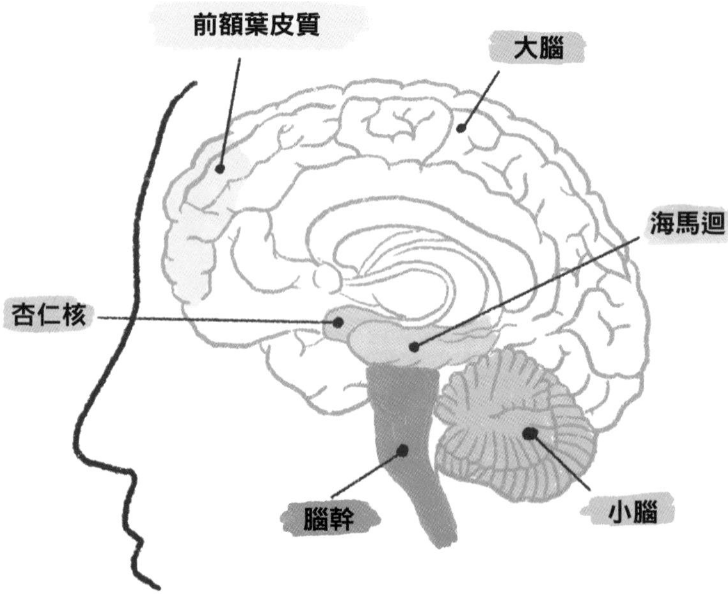

記憶素描

訓練並增強記憶力，能夠幫助你發展和建造健康的腦。現在就來試試！先大略看一下你家的廚房，接著走到另一個房間去。

現在，利用下面的空間，把你家廚房的擺設畫出來。記著去回想電器和家具的位置，有多少個櫥櫃和抽屜，以及每樣物品的顏色。盡可能把細節寫得（或畫得）越詳細越好。

完成之後，回到廚房，檢查你畫出來的結果。有哪些東西跟你記住的一模一樣？你錯過哪些東西呢？這時再回到房間去，把任何需要修改的部分做修正。像這樣重複步驟，直到你澈底記住廚房物品和位置的細節為止。

神經元可以促進你的學習能力

人類的身體由無數個細胞組成，這些細胞和我們稱為神經元的神經系統合作。神經元攜帶身體各部位的訊息傳至大腦，再傳回身體各部位。它們利用自身的化學物質所觸發的電子訊號來「說話」。資訊要如何從一個地方傳到另一個地方呢？它們會透過神經路徑「旅行」。把這些路徑想像成橋梁，連接神經系統各個不同的部分。當這些路徑變得更加強壯時，彼此就會往外擴張、連結成為網絡。

我們把細胞分化、創造神經元的整個過程，稱為「神經新生」（neurogenesis）。在你出生之前，就已經經歷過神經新生的過程了。當你還是嬰兒的時候，你的大腦創造出許許多多的神經元——數量遠超出你這輩子需要的數量。這是一件好事，因為神經元帶來讓你成長和學習的機會，就像是你擁有一大套的色鉛筆。當你在畫一幅圖的時候，不太可能會用上每一枝色鉛筆，但是你還是會想要擁有各種顏色的色鉛筆，以免某個時候會需要用上這些顏色。

打造更強健的腦

神經元可以促進你學習的能力，讓你的心智保持靈敏，以及降低焦慮感。你有許多方法可以增加這些腦細胞的數量——這些方法都很有趣！

下面這些事情可以幫助你打造一個更強壯的腦，持續長出更多的神經元。

做「心理體操」。心理體操包括閱讀、猜字謎、玩數字遊戲，以及利用積木打造某個物件。

在安全的環境下，盡可能多做運動。跑步、騎自行車和游泳等活動，對於刺激神經新生很有幫助唷。

常到戶外活動。太陽會幫助你的身體合成維生素D，而維生素D能幫助製造神經新生需要的細胞。不過，一定要記得擦上防晒用品，避免接觸過多的紫外線。

我們吃什麼就成為什麼。若沒有吃正確的營養物，就不容易促進神經新生；健康的食物則能幫助這個過程順利的發生。

冥想。瑜珈或呼吸練習可以幫助我們減少壓力、焦慮和沮喪等三種會限制新的神經元生長的負面情緒。

所以說，你現在可以做哪些超棒的事情，來幫助自己的大腦成長呢？答案是：「犯下錯誤！」儘管這聽起來很怪，卻是真的唷。當你犯錯時，你的大腦會變得超級活躍，甚至還會發亮。知道了吧，就連你的大腦都希望朝成長型思維的方向努力呢！

讓心跳加速的簡單運動

你可能知道運動對我們有許多益處。大家一般都會想到，運動可以幫助肌肉更強壯、精力更充沛、睡眠品質更好，讓心臟更健康等益處。身體活動也能影響我們身體最重要的器官之一，你猜到了唷，就是我們的腦！

心臟快速跳動可以幫助神經元生長，以及強化你的腦。它還帶來額外的好處：一天只要運動十到三十分鐘，就可以提振你當天的心情呢。現在就來試一試下面這個超級簡單的運動。

計時器設定為十分鐘，然後開始運動。方法是：把你的手肘彎成九十度、兩隻手的手掌相對。兩條手臂保持這姿勢不變，往上伸之後再往下降，持續這動作到時間結束為止。

運動時，可以播放自己愛聽的音樂，讓手臂擺動速度跟上音樂節拍。

很快的，你就會讓自己的心跳開始變快了！如果還想再挑戰自己，把時間延長到十五分鐘或是二十分鐘。

將成長型思維化為行動力！

傑斯（Jay-Z，本名肖恩・科里・卡特，Shawn Covey Carter）是世界上最成功的音樂藝人之一，也是有史以來最受好評的饒舌歌手之一。在他的早期生涯中，並不是所有的事情都很順心如意。事實上，他必須強烈倚靠自己的成長型思維，以恆毅力闖過通往成功之路的許多障礙。傑斯面對的其中一個大障礙，是接連被好幾個主流唱片公司拒絕錄製唱片。傑斯和兩個好友那時明白，要讓他的音樂被世界聽到的唯一辦法，就是自己錄製專輯唱片。他們在一九九五年成立了「大夥搖滾」（Roc-A-Fella）唱片公司。一九九六年，傑斯發布了廣受好評的專輯《合理的懷疑》（Reasonable Doubt），這專輯銷售量多達一千多萬張。傑斯的成長型思維讓他盡自己所有的力量去做到每一件事，好讓自己的夢想成真。

養成好習慣，活得更健康

發展和維護腦部健康，能夠幫助你有快樂的長壽人生。你現在可以優先做的事情之一，就是養成好習慣。習慣一旦養成便不容易改變，因此你越早建立好習慣，就越能夠維持這些習慣，也讓自己活得很健康。

睡得夠，長得好

你知道嗎？當你在睡眠的時候，你的大腦仍然非常活躍唷，即使在你已經入睡之後，你的大腦仍然活動著。要讓大腦功能運作順利，讓神經元彼此順利溝通，睡眠就非常的重要。當你熟睡的時候，各種毒素會被移除掉，好讓你的大腦發揮最大的效用。

水和營養物，幫助你專注

喝足量的水和吃營養的食物，可以為你的腦部健康，帶來正向的影響。有喝水習慣的孩子，在考試或比賽等需要思考和反應的活動中，往往表現得比較好，因為它能幫助你專注！

我不懼怕死亡，我懼怕的是不去嘗試。

——傑斯（Jay-Z），饒舌歌手兼音樂製作人。

打造健康的餐盤

下面是一些被公認為最好的「大腦食物」。請從每一個類別當中挑選一樣食物，來創造一頓你會想要吃的餐點。記住，如果你會對某些食物產生過敏反應，一定要把這因素考慮進去，選擇對你自己最好的食物組合。

最好的大腦水果

- 藍莓 —— 幫助你維持記憶力，以及讓大腦正常運作。
- 酪梨 —— 富含可以為大腦帶來能量的營養物。

最好的大腦蔬菜

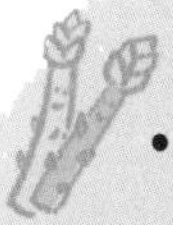

- 蘆筍 —— 是加強專注力和學習力的營養來源。
- 甜菜—— 可以加速血液的流動，把血液送到你大腦。
- 青花椰菜、羽衣甘藍和白花椰菜 —— 富含修復腦細胞所需的化學物質。

最好的堅果、種籽和健康油

- 核桃、南瓜籽、奇亞籽和橄欖油 —— 這些食物富含健康的油脂，可以帶給大腦活力。

最好的動物產品

- 鮭魚——含有健康的油脂，可以幫助製造腦細胞。
- 草飼牛肉——含有可以改善大腦功能的花生四烯酸。
- 雞蛋——含有幫助記憶力的營養物。

運動

做運動對於健康的身體和大腦來說，是很棒的一件事。它幫助腦細胞之間長出新的連結，以及改善你的心情。而有些益智運動對你的大腦也很有幫助，像是猜字謎、記憶力遊戲等活動，可以加強你的記憶力、專注力和創造力。

關機

我們每個人都擁有各種 3C 裝置，用來做不同的事情，像是打電動、閱讀、追劇，或是跟摯愛的人視訊。儘管這些都是我們日常生活的一部分，但是把這些裝置關掉，對我們是有益處的。這表示你被困在螢幕前的時間減少了。而一天花在各種 3C 低於兩小時的人，在語言測驗和思考測驗的分數，會比其他人來得高。

幫助睡眠的小技巧

當你可以一夜好眠，有足夠的休息時，比較能增進自己的表現、注意力和記憶力，以及整體的心理和生理健康。你應該要有九到十二個小時的睡眠時間，如果你在夜裡睡不著，或常常醒過來，可以試試下面這些小技巧。

- ☑ 把燈光調暗。
- ☑ 睡覺前洗個熱水澡。可以加一些浴鹽泡澡，讓自己可以更加放鬆。
- ☑ 睡覺時間之前先設定鬧鐘，來提醒自己放鬆心情，準備入睡。
- ☑ 睡覺前一小時，關掉電視和電子產品。
- ☑ 睡覺前可以做些沒有螢幕干擾的安靜活動，像是讀一本書，來放鬆心情。
- ☑ 做讓心情平靜下來的練習，像是從數字一百往前倒數。
- ☑ 讓自己慢慢深呼吸。用四拍的速度吸氣，再一個四拍屏住氣，然後用四拍的速度吐氣，再停住四拍。之後重複整個過程一次。

痛點 3

我害怕不好的事情會成真……

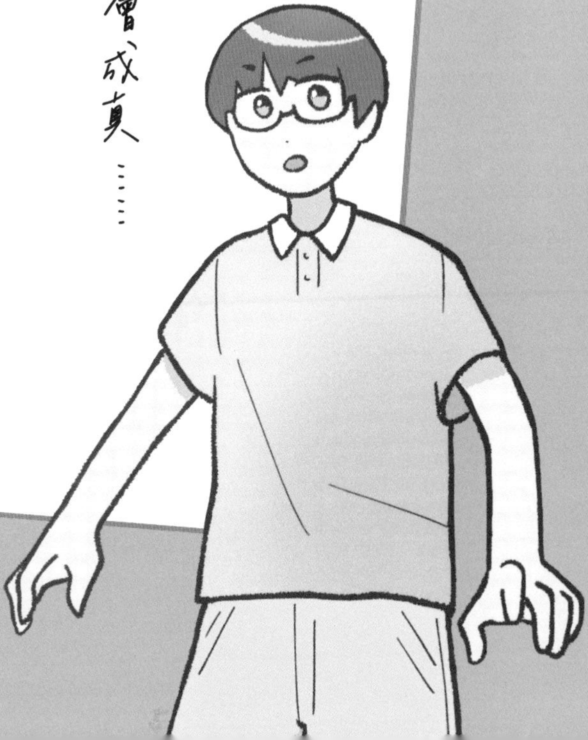

把你的思維拆開再重新組合，就像玩積木一樣。

你們看，我查到臺鐵的 TR-PASS 有學生票，
臺鐵TR-PASS
學生票價
●7日/799元
七天只要799元。
七天的火車，隨便我們要坐到哪一站都可以嗎？
那很划算耶！我們就規劃七天環島吧！
我們來選幾個想去的縣市。
從西部繞到東部，再回來。
我想去花蓮，我要拍金針花！
花蓮
台南
我想去臺南，吃吃吃，臺南好多好吃的！
一天換一個城市，好像可以喔。
鐵路圖

怎麼辦？
大家一定會騎很快，我一定會跟不上。
哲哲，你自己一個人在那裡說什麼啊？
一起來討論嘛！
我才剛學會騎自行車，我怕會跟不上……
我們會等你啦！
沿途風景一定超美，我還要拍照呢！
慢慢騎才能看美景。
對嘛！我們又不趕時間。
如果慢慢騎還是騎不動，怎麼辦？
累了就坐車，我們又沒有要騎自行車環島。
對啊，還有客運和「臺灣好行」公車可以搭！

可是，上次練習的時候跌倒了，很痛！
我會不會騎到一半又跌倒？
路上的石頭那麼多，要是跌倒一定很痛，可能還會受傷，我……
你那麼想要跌倒喔？
不是啊……
那你就不要一直想啊。
對嘛，想一些好的。
喏，這個給你。
美味花生
花生？
吃花生，好事會花生！
哈哈哈哈哈！好冷。
欸，說真的，路上確實可能會發生一點意外。
我怕意外，發生意外怎麼辦？
嗚嗚……
唉，你真的是悲觀王耶。

這樣好了，我們先把所有會遇到的、不好的事情全部列出來……
這是哲哲的專長！
交給哲哲。
謝謝你們信任，我可以列出100條。
突然自信
睡過頭
有人遲到
火車誤點、
錢包掉了、
有人擠車、
突然肚子痛、
忘記買口香糖、
想吃的店沒開門、
指甲太長忘記
呃，是也不用那麼多。
寫下比較可能會發生的就好。
一人拿一張，回家想對策，下次來討論！
好～～

人的思考很奇妙，我們的思考方式常常會影響自己的行為，其中有一種就是「災難化的想法」。這是指我們很容易把事情的後果想像的非常嚴重、會帶來非常大的災禍或傷害。一但我們落入這種災難式的想像時，它就像是一個放大器，會不斷把我們想像中的災難或害怕不斷放大。透過想像放大器，原本輕微的災難會從等級一，變成令人懼怕到想逃避的等級十。

於是我們就會越想越不敢面對。

當我們像哲哲一樣，落入災難的想像放大器，越想越害怕，導致不敢踏出第一步時該怎麼辦呢？這時候就可以參考奇奇的做法，把所有擔心可能會發生的事一項一項列出來，然後針對每一個可能的結果，尋找可以解決或是因應的策略。透過這樣的方式，你會發現，我們擔心的事情，大部分都是可以解決的，當你看清楚這一點，擔心也就會隨之降低了。

寫下你的擔心，找出應對的方法，就能關上災難的想像放大器。

聽見心裡的聲音

你的心靈和大腦都會成長和發展，但是兩者之間是不同的。你的大腦是身體的一部分，可以確實碰觸到——倒不是說你會這麼做啦，除非你成為一名醫生。另一方面來說，心靈則是抽象且無法實際碰觸到的。所謂的心靈，則是指你的想法、念頭和對周遭世界的理解程度。

想法和念頭，是指自己擁有的點子、辦法、意見和信仰。在你讀這些字的同時，你聽見自己腦袋中的聲音，也屬於你想法的一部分唷。你有沒有在看完一部恐怖電影之後，害怕到睡不著覺呢？在你心裡，你仍然可以聽見電影裡那些聲音、看見那些影像。即便你的大腦知道，那電影不是真的，電影裡面的事物不會發生在你身上，但是你的想像力卻讓你感覺不是這麼回事，它創造出一個情緒上的反應。我們的想法不等於真實，唯有在我們選擇按照這些想法行動，想法才會有成真的機會。因此，即使這電影嚇到你了，你還是可以入睡，跟其他夜晚沒有什麼不同。這是因為你選擇不按照你的想法和念頭做事。

專注在自己當下的想法和感受

正念的意思，是知道自己在當下感受到什麼，和在想些什麼。練習正念的關鍵，是專注在自己身上，試著去發現自己腦裡出現的各種想法、念頭，而不去加以批判。當你對自己的想法和感受感到好奇，就會去思考和探索改變它們的方法。

讓自己開始有正念的一個方法，是做幾次深呼吸，留意自己腦子裡穿梭的念頭，如同你坐在移動的車輛中看向窗外的樹。有時候，你可能沒辦法辨認出自己當下的感受，以及為什麼會有這些感受。當這情況發生時，把注意力轉向自己身體裡的感覺，去留意自己的心跳和姿勢。你的下顎是咬牙緊閉的嗎？也或許你正屏著氣？這些都可能是焦慮或是緊張的信號，表示你應該要放鬆自己的下顎，慢慢呼吸。你的身體會告訴你，此刻你是放鬆，還是感到不自在。你只要能熟悉這些信號就行了。

簡單的正念活動可以滋養成長型思維，因為你會去注意到負向的念頭、然後重新架構它們。察覺到自己的想法和感受，會幫助你得到足夠的消息資訊，來做出正向的決定。

不能讓失敗來定義你，你必須把失敗當作導師，你必須讓失敗經驗指引你如何在下一次有不一樣的作為。

——巴瑞克・歐巴馬（Barack Obama），美國前總統

體會五種感官

想要留心自己的想法，有個簡單的方法，那就是利用你所有的感官。這會讓你把注意力放在此時此刻，幫助自己專注。

1

開始之前，先拿任何一個你可以放在手掌裡的物品，用舒服的姿勢坐下來，慢慢閉上雙眼。

2

用你的手指去感覺手中物品的每個部分：感覺它的形狀、材質、重量、質地和觸感。利用你的觸覺注意你握著它時有什麼感覺。

3

現在，睜開眼睛，你的視覺要派上用場了，這物品看起像什麼樣子？你看見什麼顏色？你可以用嗅覺聞出這物品的味道嗎？想想看它的味道。

4

你的聽覺能聽到它發出任何聲音嗎？如果這物品是食物，它吃起來是什麼感覺？花幾分鐘專注在這物品上面，以及你的各種感官體驗。

用正念來調整身體對情緒的反應

有時候，我們會困在自己的想法和感受當中。當這種情形出現時，我們可以去覺察自己的身體和呼吸，來放慢思維的速度。「覺察」能給自己一個機會，去使用你在這當下會需要的任何應對技能。正念練習當中的緩慢呼吸和冥想，就是應對技能的兩個例子。它們幫助你重新把注意力集中到當下，而不是讓你的心靈隨意漫遊。你的念頭和感受來來去去，但是你的呼吸永遠都是跟著你，在此時此刻的當下。當你把自己的感受專注在此刻，就較容易讓你去分辨出自己的念頭和感受之間的連結。你能記得自己某次非常沮喪低落的經驗嗎？你能記得那時候自己的身體出現的反應嗎？下一次當你感到挫折或是興奮的時候，留意你的身體是如何應對自己的情緒，把它牢記在心裡。如果你的身體很緊繃或是顫抖不安，試著做正念練習來調整這種反應。

把你的情緒表現出來

1 選擇一種情緒，把它表現在你的臉上。接著，用你整個身體表現出那種情緒。留意自己的姿態：你的肩膀是什麼樣子？你的心跳有加快嗎？接下來，試著表現出不同的情緒。你可以嘗試開心的、害羞的、害怕的、生氣的、不耐煩的，以及沮喪挫敗的情緒。從情緒的轉換當中，你的呼吸又有什麼改變呢？

2 現在，再一次把所有的情緒表現出來，不過這一次你要盡力控制自己的呼吸。慢慢深吸一口氣，再慢慢吐出氣來。一但你控制了自己的呼吸之後，你有注意到自己的身體出現了什麼改變嗎？

將成長型思維化為行動力！

二〇〇九年，**巴瑞克．歐巴馬（Barack Obama）**成為美國第四十四任總統。在那之前，他在一九九五年出版的書《我父親的夢想：種族與傳承的故事》（*Dreams from My Father: A Story of Race and Inheritance*）一書中，寫下自己在父親缺席、由白人母親和外祖父母撫養的情況下，對身為黑人的自我認同的掙扎。在成長過程中，儘管歐巴馬得面對自我認同與其他挑戰，他仍然讓自己的注意力放在達成自己的目標上。在小學三年級時，他寫下一篇〈當自己長大之後要成為什麼樣的人〉的短文——這裡要爆雷了唷，他想要成為總統。歐巴馬知道自己得要萬分的努力，才能讓自己的夢想成真。

就讀大學期間，他全神貫注在學業上，也承諾自己一天要跑三英里（促進他的神經元生長！），以及星期天禁食，這個舉動讓他的室友大呼他實在非常「無趣」。但是也就因為這種投入的精神、恆毅力和努力，幫助他往前邁進，達成他小學三年級的夢想。

你會跟自己對話嗎？

你知道自己大腦裡每天都有不斷的對話進行著嗎？這當中可能也包括了當你正完成一件事情，或是隨意觀察周遭的人和環境的時候，你在大腦中給自己下達指令。這些都叫做「自我對話」。這種對話有兩種：正向的自我對話和負向的自我對話。當你不小心把果汁灑出來，你說自己笨手笨腳，這屬於負向的自我對話。在你做一件工作或作業之前，你說：「我沒問題的！」這屬於正向的自我對話。當你的大腦產生有所幫助的想法時，就會出現正向的自我對話；而當你的大腦產生對工作沒有幫助的想法時，出現的就會是負向的自我對話。

練習正向的自我對話，肯定自己

正向的自我對話，重點在於「對自己和善」。這一點在你處理某件很困難的工作，或是正經歷負面情緒的時候，會對你很有幫助。正向的自我對話幫助你重新架構面對挑戰甚至沮喪狀況的方式。如果你抱著正向的態度進行一件困難的工作，當面對過程中的許多困境，仍會想方設法的盡全力完成。與其說：「我希望一切都沒問題。」倒不如說：「我沒問題的。」正向的自我對話也能迸發自信。告訴自己，不管發生什麼情況，你都要盡全力完成，這會讓你整個人振奮起來。

練習正向的自我對話方法之一，是透過不斷的自我肯定。反覆的對自己說出正向想法。例如當你的大腦出現沒有幫助性的想法時，就對自己說「雖然我還有些不足，但我已經很不錯」之類的話來肯定自己。你也可以用肯定自我的方法，來提醒自己想要改進的地方。這麼說吧，如果你已經注意到自己的「耐心」很不足，面對喜歡但因沒有耐心持續下去的事務，你可以這樣告訴自己：「我值得好好把時間花在享受自己喜愛的事情上。」另一個方法則是在練習正念時，同時運用正向的自我對話激勵自己。是你在練習正念的時候，當你以覺察的態度專注在自己身上之後，可以同時說些鼓勵自己的話，讓自己露出微笑。

魔鏡啊，魔鏡！

看著鏡子裡自己的影像，說出五個你喜歡自己的地方。任何事情都可以，範圍從你的眼睛到你對兄弟姊妹或是朋友的關心都可以。

把這五件事寫在下面。當你需要提醒自己的時候，就拿起這本書，找到你喜歡自己的五個地方。

1 ______________________________

2 ______________________________

3 ______________________________

4 ______________________________

5 ______________________________

沒有幫助性的想法會限制你

沒有幫助性的想法，指的是我們去想負向、消極的事情。如果你沒有辦認出這些沒有幫助性的想法，它們就會成為你思考的自動模式。舉例來說，想像這是你第一天到新學校上課，你很開心可以交新朋友。你注意到班上大多數的學生似乎都交到了朋友，因此你不斷告訴自己：「別人比我酷多了。」當你不斷出現這種負向的自我對話，我們稱為「反芻思考」（rumination）。隨著時間過去，這種反芻思考就會發展成你對自己根深蒂固的看法。我們把這稱為「自我設限的信念」（self-limiting beliefs）。

反芻思考和自我設限的信念是一起並存的。當你反芻時，就會改變你大腦裡自然思考的方式。你在自己能做或不能做的事情上加了框架，因而培養出固定型思維。你如果不斷反芻沒有幫助性的想法，甚至長出自我設限的信念，就很難再有成長型的思維。我們每個人都會在腦中冒出沒有幫助性的想法，但你有能力去改變、忽視不聽，或是對這些想法採取行動。

重新架構沒有幫助性的想法

記住，重新架構的意思是，當你注意到心裡出現沒有幫助性的想法，將它們轉化成有用和正向的想法。因為若是不斷反芻沒有幫助的想法，你會開始相信那些全是真的。這就是為什麼「重新架構」可以幫助你的原因。你思考著「現在正在發生什麼事」的方式，會影響你的感覺，以及做出的舉動。

有時候，你會覺得「辨識出沒有幫助性的想法」，是很困難的事，你甚至可能沒發覺自己內心發生了什麼事。因此，常常確認自己的狀況，就顯得相當重要。只要你感覺難過、焦慮或不自在的時候，試著練習正念，留心身體上的任何感官反應。你的掌心有出汗嗎？你的腳尖或腳跟在敲著地板嗎？試著問自己下面這些問題：

◆我還可以怎麼看待目前的情況？
◆這個情況真的有像我想得這麼糟糕嗎？
◆我可以做什麼讓情況好轉？

重新架構你的想法並不表示你從此就不會有負向、或是不會再出現沒有幫助性的想法。它只是在告訴你，不要讓這些負向想法框住你對自己的感覺。當你學習辨識出沒有幫助性的想法，再隨著時間去重新架構它們，你就能夠將自己的心態轉換為成長型思維。

編一個新劇本

想像自己在下面的場景裡。再用劇本問自己問題，並練習如何重新架構這些想法。

場景

星期一早晨，你很晚才起床。在你匆匆忙忙趕往學校的路上，不小心把自己被分派到的小組作業留在家裡。等你進入教室，發現自己忘了帶作業時，變得很生氣。你對自己開始有了負向的想法，像是「我老是讓別人失望！」

劇本

我是不是太快就跳到負向的結論呢？
我還可以怎麼看待這種情況？
最好的結果會是什麼？最壞的結果又會是什麼？
我可以從這情況中學到什麼，讓自己在將來受益？

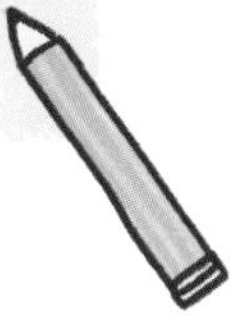

打造正念工具包

這裡有一些以正念覺察的方式，來幫助你培養出成長型思維。把下面這些活動想成是你心裡的正念工具包。

把每個想法記錄下來。藉由寫下你這一天腦中產生的想法，練習反思。看看自己能不能辨識出哪些是建設性的想法，哪些則是沒有幫助的想法。對於這些負向的想法，試著寫出幾句話，解釋為什麼它們對你沒有幫助。是什麼東西或是情況觸發了這些沒有幫助性的想法？讓你的答案引導你，去重新架構這些想法。

用肚子呼吸。把一隻手擺在肚子上，深吸一口氣。將空氣慢慢從鼻孔裡吸進來，直到空氣灌飽你的肚子。屏住氣，默數到四，再慢慢呼氣。重複做，直到你感覺自己冷靜下來為止。

著色。著色可以把你的專注力帶到眼前，達到緩解壓力的目的。先畫一幅簡單的圖畫或是圖案，再仔細塗上顏色。這時你去思考自己要選擇什麼顏色，也去留意自己是怎麼塗上去的。

記住，要對自己有耐心。這些活動對你來說，可能剛開始時不算容易，但隨著時間和練習，你對使用工具包裡的工具，會越來越上手。

成長型思維意味著不放棄，要不斷嘗試和進步！

專注力追蹤器

把你在這一章裡學到關於正念的每件事情做個反思。記住，這個目的就是要你把專注力擺在眼前、當下。

你的大腦很有威力，能夠同時注意到許多的想法和感受，但是只專注在一件事情上，對你才是最有利的。想想看，當你在電腦螢幕上同時開啟很多應用程式的時候，電腦運作的速度是不是就變慢了？這個專注力遊戲，目的在追蹤你要花多久的時間去完成下面的任務。

任務 1 把英文字母從 A 寫到 Z。

任務 2 把阿拉伯數字從 1 寫到 26。

任務 3 照著英文字母和阿拉伯數字的順序，寫下第一個字母和第一個數字（A1），再接著寫下第二個字母和第二個數字（B2），一直寫到 Z26 才算完成。

你總共花了多少時間完成任務 1 和任務 2 ？

答：

你花了多少時間完成任務 3 ？

答：

痛點 4

萬一失敗了怎麼辦？

我總因為擔心而無法踏出第一步。

有最壞的打算，也要有最好的準備。樂觀應對！

百萬Q&A
沒搭上車
不小心受傷
拉肚子
腳踏車沒氣
來吧，我們來想對策，
想辦法避開這些危險。
Q
騎到一半，肚子痛怎麼辦？
我知道！
出發前先用Google map 找出我們騎車路線，可以上廁所的地方。
或是在路邊……
不要啦！

Q2
不小心摔車怎麼辦？
騎自行車要戴安全帽，收行李的時候不能忘記！
筆記
我準備急救包！如果有小傷口就先消毒、貼OK繃。
如果傷口比較大，就去診所或醫院。
Q3
找不到路怎麼辦？
上網查地圖。
或是再問人就好了。迷路也有迷路的風景，沒關係啦。
Q4
騎到天黑還騎不到怎麼辦？
自行車是租的啊，先找好還車地點，再去搭車就好。
準備手電筒。
寫

只要我們先準備好，再出發，遇到問題再想辦法解決，我們一定辦得到的！
嘿，你最近怎麼這麼多正向的想法？
太不像你了。
因為我都有看書啊，書上寫的。
喏，這本：《給中學生的成長型思維》！
噗，這是置入性行銷嗎？
哈哈哈哈！
給中學生的
成長型思維
男孩指南
The Boys' Guide to Growth Mindset:
我們四人主演的，一定要買喔！

對了，我們來分工。我負責規劃行程。
我做時間管理，早上叫大家起床，
然後不能太晚回旅店。
我拍照做紀錄。
我當總務，管錢。
我還有一個問題！
又有？
說吧！
我們還沒問爸媽要不要讓我們去。
啊，對耶！
萬一媽媽不讓我去……
那就慘啦！！！

思考的習慣很重要，當我們習慣用負面的思考方式來思考事情，往往會讓自己陷入無限的擔心和恐懼之中，但當我們學會怎麼用風險管理的方式來面對未知的恐懼，你會發現，負面的想像放大器就不太管用了。

當你學會怎麼面對之後，你會慢慢開始找到自己獨特的、抗衡心中恐懼的方式。

這樣想想，思考對我們的影響真不小。當我們思考的方式不同時，面對同一個問題的態度跟感受也就跟著不同了。比如哲哲在還沒學會風險控管之前，所有的擔心都讓他好想逃避。

可是一旦有了「擔心的事情，都能透過事先預防來降低風險」的思考習慣之後，哲哲不僅更有力量面對挑戰，無形中也變得更有自信了，這些都是不同的思考習慣所帶來的不同結果。

所以當面對未知的挑戰和恐懼時，一個最簡單的思考練習，就是告訴自己：「我可以做足準備，就算是失敗了，我也可以從中學到更多事情」

不要讓恐懼擊敗你

勇敢，表示有面對挑戰的力量。表現出勇敢，是指自己雖然害怕，卻不讓恐懼阻止自己去做某些事情。你有很多不同的方式可以表現出勇敢，它們也都能幫助你培養出成長型思維。當你堅持下去、克服恐懼，這就是勇敢的表現了。

恐懼的情緒經常出現在我們的日常生活中。當你做某件事情時感到害怕，是很正常的，尤其是你第一次嘗試的時候。回想一下，你做過最具有挑戰性的事情是哪件事？可能是第一次騎自行車、自己一個人獨自上學，或是離家去參加營隊。如果你做過任何令你恐懼的事情，那麼你已經走在成長型思維的道路上了。恐懼是人的一種情緒，在我們出生時，就被編碼寫進神經系統裡，它會像本能一樣自己運作。如果是不理性的恐懼，有時候對我們沒有幫助。假如某件事物嚇到了你，但它實際上不會對你造成任何傷害，這種恐懼就屬於不理性的恐懼。舉例來說，你第一次在話劇演出時可能感覺非常恐怖，但是，你真的有危險嗎？站在觀眾前面並不會傷害到你，因此，不要讓恐懼擊敗你。

踏出你的舒適區

我們都有會讓自己感到有自信、自在的活動和地方。很多新事物在剛開始的時候，會讓我們難以適應，或是感覺很不自在。隨著時間過去，我們逐漸對這些事物上手，它們便不再有挑戰性或讓人害怕。你曾經試著放膽，玩從沒玩過的電動遊戲嗎？你的雙手可能會非常忙亂，試著想要找出哪個按鈕才是正確的，甚至要花好幾個小時才能闖關成功。

如果你決定放棄，回頭去玩自己玩過好幾次的電動遊戲，這樣的情況，就可以稱為你選擇待在自己的「舒適區」。舒適區是一個尋求安全的好地方，但是，如果你留在輕鬆自在的地方時間太長，你就會面臨失去機會的風險。新的電動遊戲可能可以帶給你好幾個小時的樂趣，以及讓你有機會跟朋友培養感情。把自己推出舒適區，能夠為你帶來前所未有的成就感。

有不確定的感覺是沒關係的

我們的恐懼常常是來自於未知，認識陌生人或是嘗試新事物都可能讓人害怕，如果你感覺沒把握、沒自信，都沒關係的。你可以擁抱恐懼，並利用它來幫助自己走出舒適區。

給自己一點信心

每當你對自己沒什麼信心或是感到害怕時，就試試下面這些小訣竅。

承認自己的感受。不管你覺得害怕、焦慮或不確定，告訴自己：不去感覺這些情緒反而對自己不公平。你會有這種感受一定是有原因的，坦然接受自己的感覺，對自己說：「我會緊張，是因為這是我第一次做這件事，而且我不知道會發生什麼結果。」

尋求幫助。如果你正在緊張害怕做某件事，找一個曾做過這件事的人，跟他談談，告訴對方你在擔心什麼。熟悉感往往能夠緩解恐懼。可能的話，找一個你信任的人陪你一起走過這個過程。

一次一小步。你不必非得馬上表現出勇敢的行為。先把步伐放慢下來，當你隨著時間看到正向的轉變時，你的信心就會逐步迸發出來。

想像自己成功的樣子。如果你對賽跑感到緊張，試著做這個正念練習。在比賽之前，想像你自己跑過了終點線，而你喜愛的人全部圍繞在你身邊。

把失敗看成學了一課。當你知道學會如何更好的看待「失敗」這件事，它就沒有那麼嚇人了。

畫一張邁向成功的藍圖

想一件你現在想要學習或是體驗的新事物，這些事情可以是參加社團、跟人進行一場有深度和難度的對話，或是學習新語言等。接著，在下一頁畫下你的計畫。

1

在「舒適區」裡，畫出你在做一件自己很熟悉的事情。

2

「學習區」裡，畫出自己正在嘗試的新事物。

3

「成長區」裡，畫出你成功掌握了這件新事物。把這張地圖當成你具體化自己成長的方法。

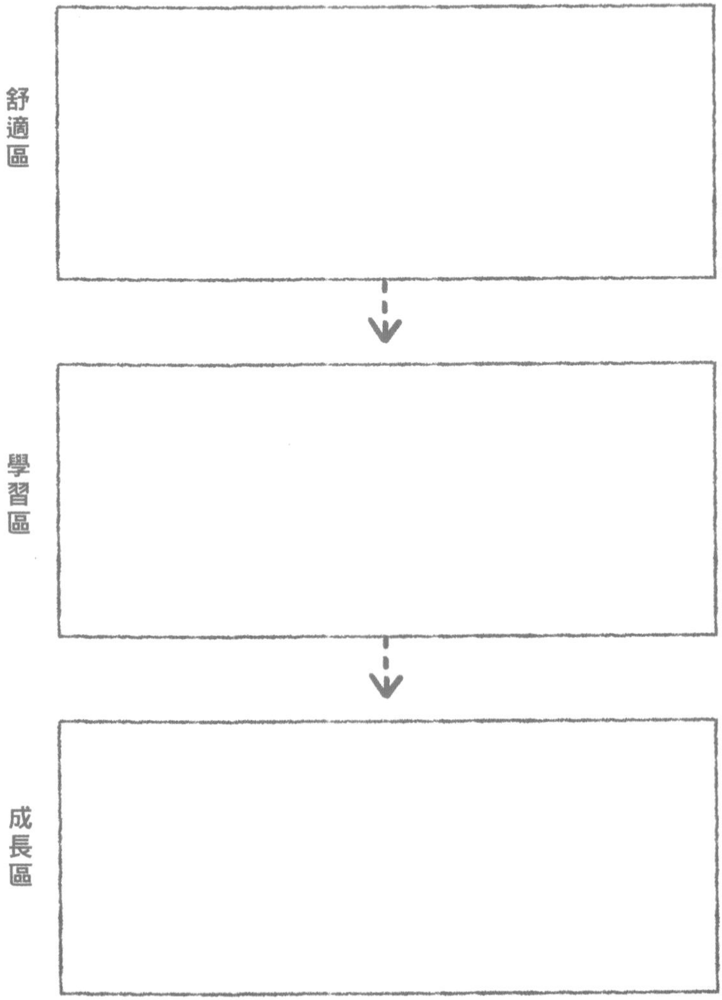
舒適區
學習區
成長區

充滿好奇心是件好事

好奇心是一種透過發問或是觀察，來知道某件事情的欲望，也是讓我們想要做某件事情的動力。好奇心會讓你的大腦增添能量，去記住自己正在學習的東西。沒有好奇心，我們可能會傾向待在固定型思維中。你可以大方擁抱好奇心，把它當成自己面對恐懼的動力。不只人類有好奇心，所有在學習和成長的生物，都會透過好奇心這麼做。小狗如果對某樣東西感到好奇，牠們的臉看起來就很機敏，耳朵往上翹，尾巴直豎。當你帶狗去散步，牠會直接朝某樣東西走去，也常常會繞著某樣東西打轉，不斷嗅聞著。這就是好奇心，牠想知道自己在聞的是什麼東西。

激發好奇心

這裡有些幫助你增加好奇心的小訣竅：

- **擁抱自己的不確定感。**你要為自己沒辦法全面了解所有的事情感到高興，並利用這種不確定感來學習新事物。
- **尋找資訊。**當你注意到某個新事物時，挑戰自己的好奇心，去發現更多關於它的事情。
- **每星期都閱讀一些新資訊。**新的資訊五花八門，讀一些新資訊不需要花費你很多的時間。

獲得知識的管道

你可以多跟在日常生活中遇見的人建立友好關係，來滿足自己的好奇心。你的親戚朋友各自有不同的興趣和嗜好，帶著好奇心開口提問，你可能會學到很多從未知曉的新事務。

也可以試試這樣嘗試：假設你現在是脫口秀主持人，你可以為自己的節目取一個名稱。邀請一個你認識的人當來賓，詢問對方一些問題。對方在哪裡出生？他會說其他語言嗎？他會想分享哪些有趣的事情呢？你可以告訴對方，自己目前從這本書中學到的部分，看看對方是不是也有關於克服挑戰的故事可以分享。

順應你的夢想和抱負

志向和抱負是一種動力，讓你想要去完成某件事情。你的志向可以是自己夢想嘗試的事情，像是學彈吉他，這樣就可以組自己的樂團。要達成你的抱負，你得透過渴望和決心去爭取。到這一章的這部分為止，你學到怎麼克服恐懼、擁抱勇敢，以及踏出舒適區。健康的抱負能鞭策你面對挑戰。

有時候，過多的夢想和抱負可能會讓你承受很多壓力。當這情形發生時，小心不要落入沒有幫助性的想法。運用所有你目前為止學到的策略，以正向健康的方式接近自己的抱負。舉例來說，你可以重新架構沒有幫助性的想法，不讓它們阻礙或限制你的抱負。用「肯定的保證」來提醒自己，你有力量達到自己的抱負。記住，犯錯對學習來說，是件好事。每一次的挫折會讓你更加強壯，讓你更能應付將來的挫折。追逐夢想和抱負的過程可能不容易，但是要記住，隨時運用成長型思維的技能，並在這旅程中找到快樂。

打造夢想

用一分鐘來想想，找出幾件你平常喜歡做的事情，也許是烹飪、跳舞和打籃球，在下面的左欄裡把它們寫下來。

現在，再來想想你學到，關於夢想抱負的每件事情。在右欄裡，寫下一個讓你可以朝自己的夢想更接近的方法或活動。把這個當成自己下一次做這件事情的動機。這裡先提供你一個範例。

我喜歡做的事	我的夢想
烹飪	為全家人準備一頓飯

將成長型思維化為行動力！

美國發明家**湯瑪斯・愛迪生（Thomas Edison）**曾經說過：「你一定得學會如何聰明的失敗。失敗是這世上最偉大的藝術之一。人類之所以失敗，是為了朝成功更進一步。」

據說愛迪生在一八七九年終於成功讓第一顆燈泡上市銷售之前，經歷了好幾千次的失敗。在他努力研發新穎的蓄電池時，做了九千次的實驗，才終於找到解決的辦法。綜看他的一生，愛迪生發明了包括留聲機和電影在內的一千多樣產品。他展現了堅持不懈的精神，靠著鞭策自己的失敗，以及運用成長型思維，來重新架構自己的錯誤。

勇敢承擔合理、健康的風險

成長型思維有一部分是要「勇於承擔風險」。意思是，你做一件有可能到最後會是失敗或有損失的事。有些風險具有危險性，根本就不應該嘗試。我們要專注面對的風險，是屬於合理、健康的風險。這些風險是安全的，也能幫助你學習和成長。例如參加才藝表演的甄選、嘗試新嗜好，以及競選班長等等。

風險不一定都會令人心生恐懼。這裡就要教你一個策略，來確認到底值不值得為了某件事冒某風險。只要問自己下面這些問題：

- ◆ 我從這個風險當中可以得到什麼？
- ◆ 有沒有哪個人也能從這個風險中得到什麼？
- ◆ 我做這件事會讓某個成年人為我感到驕傲嗎？
- ◆ 我做這件事可以學到什麼？

把承擔合理、健康的風險的好處謹記在心，這些好處包括了增加自己的自信、為自己的生活承擔起更多責任。

為承擔風險做準備

承擔某個風險的確可能很嚇人！但是也別讓恐懼或是不確定性阻擋你學習新事物。在你承擔某個風險或是擔下了某個風險時，想一想下面的小訣竅：

- **練習正向的自我對話。**這能夠增進你的自信，在你試著克服任何可能的恐懼時，鼓勵你自己。
- **堅持。**即使在情況變得很困難，仍然勉勵自己把事情完成。

- **如果有需要，開口尋求幫助。**承擔合理、健康的風險不代表你必須獨自一人進行。
- **對自己和善、有耐心。**當你的身體或心智感到很掙扎或是疲倦時，先停下來，休息一會、喘口氣。
- **鞭促自己踏出舒適區。**舒適區之外就是成長區開始的地方，往前邁進，不要害怕犯錯。

我們最大的弱點就是輕言放棄，追求成功最有效的方法，就是永遠再多試一下。

——湯瑪斯．愛迪生，美國發明家

如果事情變糟了怎麼辦？

承擔風險意味著，事情有可能會變「糟」。有時候，我們害怕承擔風險，是因為我們想得太多，太過專注在所有可能會出錯的事情上。想像一下，你很興奮的想要學游泳，但隨著游泳課的上課日越來越接近時，你開始擔心了。你開始告訴自己，你一定沒辦法浮在水面上的，它看起來就是不可能的事情。上課前一天，你開始感到胃痛。你這幾天經歷的情緒稱為「憂慮循環」，這是一種負向的想法持續出現的模式。憂慮循環會阻斷你的成長型思維，因為那些擔心，讓你變得不想去嘗試新事物。

如果你發現自己陷入憂慮循環，要提醒自己，感到害怕是沒有關係的。在這種情況下，承認自己對游泳的恐懼，再重新架構這些沒有幫助性的想法和自我懷疑，把想法改成：「我可以學習，那裡會有教練指導我，我也會穿上救生衣來保護自己。」把想法重新架構，能幫助你跨出自己的舒適區，進入一個你可以成長和學習的區域。

你的自信能幫助你突破困難

自信是一種深信自己可以做某件事情的感覺，「信任自己」就是全部的重點。跟勇敢一樣，自信是你的成長型思維工具箱裡，一個很有威力的工具。擁有自信可以讓你承擔合理、健康的風險，而不會落入憂慮循環。每個人都會有不同程度的自信，主要是根據挑戰的困難度而決定。

例如你可能對自己的唱歌實力相當有自信，這可以從自己在學新音樂時，能在多快的時間內就展現出自信而發現。但另一方面，你對於自己的運動天分可能就沒那麼有自信。因此你可能需要好幾次的練習，才能掌握到踢足球的竅門。儘管這聽起來可能令人洩氣，卻是非常正常的！沒有人在第一次嘗試新事情時就很完美。但持續為自己打氣並保持自信，能幫助你堅持撐過這些情況。

幫自己建立自信

你有很多方法來增進你的自信。這裡提供你一些方法來試試：

正向的肯定。如果你對自己缺乏自信，每天寫下「我很不錯」的提醒紙條給自己，會很有幫助。

慶祝自己的大小勝利。不管你得到的勝利是大或是小，都代表你每一步都走在正確的方向。舉例來說，每當你完成一件事情，或是令某人露出笑容時，就拍拍自己的肩膀，稱讚自己。

對自己和善。世界上沒有人對自己的各方面都很有自信。自信通常隨著時間和經驗建立起來。對自己仁慈些，也能讓你的自信有所成長。

製作迷你四格漫畫

想像自己即將有一場鋼琴獨奏會，或是一場重要的籃球比賽，或是某件你已經練習了好幾個月的事情。你總覺得自己會表現得很好，但是當你穿戴好衣服之後，卻開始感覺緊張和不確定了。

把這經驗畫成四格連續漫畫。再加上幾個對話框，把你可能會說的話寫進去，像是你會告訴自己的肯定話語。在最後一格漫畫裡，畫出你成功完成自己一直在練習的事情。

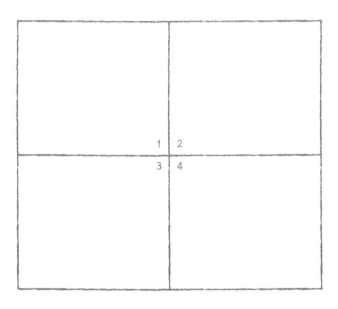

痛點 5

我希望自己是完美的，

但我有時會犯錯。

容許自己不完美，
對自己和善點。

火車上
耶，我們爸媽居然都答應，讓我們可以一起出來玩！
你也太容易開心了吧！他們只答應我們當天來回玩一天。
我們都規劃好了，結果不能環島！
沒關係啦，可以到臺南玩也超讚的啊！
對啊，試試看一日遊，等我們經驗更豐富，說不定他們就可以放心讓我們環島了。
我爸說，給我一天，讓我練習獨立和解決問題的能力。
我媽有點不放心，她一直說要跟我來。
嚇，她不會真的跟來吧？
會不會躲在某個座位？
張望
喀嚓
喀嚓
NICE

我每到一個地方就要回報行蹤。
我媽說我們可能會睡過頭、搭不到車。
才不會咧。
我們現在都準時上車了。
就是說嘛！
耶～出發!!
昏～睡～
新左營、新左營站快到了，請準備下車……
醒

喂，到新左營了了，下一站是不是快到臺南了？
新左營？啊！過站啦！超過臺南了！
我們坐過站了！快起來！
現在怎麼辦？
先下車！快，東西拿好，下車再想辦法。
左營(舊城
ouying(Jiuchen
0公里(km)
怎麼辦？
往回，坐回臺南？
看一下時刻表，下一班到臺中的火車是……
我不會看火車時刻表。

拜託，怎麼連火車時刻表都不會看。
別這樣，他第一次坐火車。
對啊，維恩只是還沒學會，又不是永遠都不會。
NIKE
教我看。
你先看出發地……
5分鐘後有一班車！
!
在第一月臺！
快快快！
等等我～～
這次不能再睡著了。
如果睡回臺北就糗大了！
哈哈哈

我們都希望自己能夠是別人眼中最亮的那顆星，最好是沒有一點瑕疵，潔白閃亮，才會得到眾人的欽羨和喜愛。所以我們把失敗看做是非常大的威脅，會汙染我們的形象、也拉低別人對我們的評價。然而這些反應背後的原因之一，是我們害怕自己一旦表現不好，就會破壞形象，然後也可能在各種人際關係裡受挫或不被喜歡。

「不被喜歡」是一件令人害怕又痛苦的事情。為了避免這種恐怖的下場，我們常常逃避任何可能會讓自己出錯的場合或挑戰。故事中的佑仁，是個完美主義者，但是再怎麼完美的計畫，都還是有可能遇到意外的時刻。他在火車上睡著了，擔誤了到達目的地的時間，因此受到怪罪。佑仁心裡一定很難受，該怎麼辦呢？

要知道，完美並不存在，真實才是常態。什麼是真實？真實就是黑白並行、喜憂參半、好壞共存；能覺察自己有善良的一面，也有相反的一面；能包容自己會有開心的時刻，也有悲傷的情緒；能接納自己有優勢的能力，也有失敗與拙劣的表現，這些構成了一個人的完整。當我們開始正視自己的矛盾與衝突，你就展開邁向完整的旅程。所幸佑仁很快的找到應對的策略，他們立刻下車，重新查看時刻表，最後仍然能夠到達目的地。雖然看起來有一點「不完美」，但你能說它不是個美好的旅程嗎？

沒有人是完美的

每個人都會犯錯，不管是專家或只是個菜鳥新手。從開始做一件事情到完成的過程，如果都沒有發生任何問題，這感覺似乎挺完美的。不過，錯誤是個具有巨大價值的工具，能幫助你學習和成長。

對成長型思維來說，最大的阻礙之一，是想要達到完美的渴望。但是把一件事情做到完美是不可能的，因為——跟我一起說——沒有人是完美的！

完美主義的意思是指，你非常努力想要達到完美，而拒絕接受任何其他的結果，不論是來自自己或其他人的看法。舉個例子來說，你不願意跟其他跳舞隊員一起表演，因為他們沒有精準的跟拍子同步，這就是完美主義。這樣的完美主義會傷害你，因為你再無法體會表演的樂趣，而你的隊友也無法期望能倚靠你。

不切實際的期待，只會在你或是你周遭的人辜負了他人期望時，讓你們感到非常沮喪。當這樣的情形發生時，你可能就會放棄一切。過度批評自己的人，可能會在每一個負向的狀況中，都責怪自己。他會看不起「自己」這個人，而不去看待他「所犯的錯誤」。也因為如此，他往往會避免去冒風險。

如果某個人是完美主義者，他想要建立成長型思維，就會加倍困難。老是想要完美，會讓你遠離有趣的活動，或是培養新嗜好。這是因為你會擔心自己犯下任何錯誤。

我成長中學到最重要的是：當你原諒他人時，你也解脫自己再往前走。

——泰勒・派瑞，美國知名演員、導演

克服你的完美主義

試試下面的小訣竅，來幫助自己克服完美主義的問題。

自我同理心。同理心是指：當其他人在辛苦奮鬥時，認可他們，並表現關心的行為。有時候，對別人產生同理心，要比對自己來得容易一些。當你在某一項工作中辛苦掙扎時，告訴自己，這是學習過程的一部分，自己已經盡力了。

在自我進步和自我接納之間找出平衡。絕對不要告訴自己，你不夠好。相反的，要提醒自己，你永遠有進步的空間。在你努力進步的同時，也要接受自己仍有成長的空間。

記得要開心。要堅持開心的做自己在做的事。如果你發現自己不開心，不妨休息一會，做其他會讓你開心的事情。

試試看！重新定義「完美」

寫下「完美」
在此時對你的意義是什麼。

現在，讓我們來探索完美的定義。當你明白了完美只是一個想法的時候，接下來會如何呢？更酷的是，當完美的定義是由你決定的時候，接下來又會如何呢？在這個練習中，你可以把「完美」這個詞變成你想要的任何意思。如果「完美」對你來說，是「在嘗試新事務的過程中，必然會犯的可笑小錯誤」，那麼這就是它的新定義。從這樣的邏輯來看，「完美」兩字就成為你自己想要的意義，而不是別人幫你定義的意思。

利用下面的空間寫下三到四個活動，並為每一個加上「完美」的新定義。如果你寫下「彈吉他」，那麼或許完美的新定義就變成了「彈出一首出現一大堆錯誤的新歌」。不要害怕去憑空想像瘋狂新奇的事情！

完美，由我定義

活動	新版本的「完美」

立下踏實的新目標

與其追求達到完美，不如把目標放在扎實的努力和不斷進步上。每一個在某方面很厲害的人，都是這麼開始的——把目標設定在不需要你達到完美的結果上。假設你想要每天都寫日記來記錄生活，你可以先從一星期寫三次日記開始，這可以幫助你建立起這項習慣，讓你距離自己的總體目標更接近一步。如果你的大目標是進入圍棋校隊，你可以先讓自己每天固定時間練習。知道自己在加入校隊之前，不需要成為最棒的圍棋手，那會解除你許多壓力。你可以只專注在持續進步，來為校隊選拔準備就好。如果你每天早上要準時起床上學，都得掙扎一番的話，你就可以設定下星期的目標，是要準時起床兩次。

讓錯誤成為你的朋友

擁有成長型思維的關鍵，是明白每個人都會發生錯誤。事實上，犯錯本身是好事，只是犯錯的恐懼阻擋了你。擁有成長型思維的人，從自己曾犯過的錯誤中，學到了教訓之後，會很希望有第二次或第三次嘗試的機會。這樣的恆毅力常常會導向了不起的結果。

排解因犯錯而產生的複雜情緒

犯錯之後，你可能會感覺到各種不同的情緒，包括沮喪、悲傷、憤怒和挫敗的感覺。你還記得自己曾經歷過這些感受嗎？如果是的話，你跟多數人一樣。多數人在犯錯之後，會感覺到至少一種情緒，而每一種感受都是很合理的。你可能會認為，自己原本可以避免犯下這個錯誤，不過，別因此讓這件事阻礙了你完成自己的目標。

試著遵守下面的訣竅，來幫助自己度過這些因為犯了錯而可能出現的複雜情緒。

把情緒說出來。不要只是說：「我很害怕」，而應該說：「這是恐懼。」確認情緒可以讓你承認它的存在，同時也給你力量，把自己跟它分別開來。你並不害怕，而是感覺到害怕。

不要耽溺在情緒中。花太多時間去想自己犯的錯，會讓你感覺更糟糕。從錯誤中學習，然後就此同意自己放手。接著，去做一些自己喜歡做的事！

去做一些可以轉換心情的事情。有時候，做一些跟你的壞情緒相反的事情，可以幫助自己度過低潮。如果你現在覺得很挫敗，就玩些智力遊戲，或是拿出你的鉛筆來畫圖——做任何你擅長的事情就對了！

呼吸，然後反思

想一想，某次你在學校或家中犯錯時。當你想著這個錯誤的同時，也專注在你身體的感覺。假設你感到某個情緒湧上來，像是失望、洩氣、憤怒之類，在你數到三的同時，從鼻子深吸一口氣。吐氣時，從嘴巴吐出來，同時默數到三。接著，說出下面這句話：

如此重複做幾次。這種有意識的呼吸，能幫助你去反思自己的錯誤，把注意力重新聚焦在「錯誤其實也是機會」。

從錯誤中學習

不管是運動、樂器、或是魔術等，學習新事物都一定會犯下錯誤。從錯誤中學習，就在於我們如何挑戰自己用不一樣的方法來因應。它讓我們專注在如何利用不同的方法來解決問題；它幫助我們跳出傳統的框架去思考，以不同的方式去看事情。錯誤鼓勵我們勇敢，去承擔合理、健康的風險。就算你犯了錯，也要花點時間稱讚自己至少願意去嘗試。如果你不練習，是不可能在某件事情上獲得進步的。當你覺得嘗試某件事的感覺很好，就會進而鼓勵自己從錯誤中學習，然後再試一次。

發掘寶貴的教訓

回想自己犯過的一次錯誤，大錯或小過都沒關係。這有可能是你錯過了繳交作業的截止日期，或是你忘記了某個朋友的生日，而傷害了對方的感情。這錯誤可以是今天發生的事，或幾年前發生的事。利用這個機會來反思你的錯誤。把你學到的教訓寫下來，以及自己在將來可以如何應用這個錯誤，學到寶貴的一課。

我犯的錯是

我學到的教訓是

在將來，我會

為自己的錯誤負起責任

你的大腦會持斷成長，直到你成年為止。研究顯示，年輕的大腦缺乏完整的能力，做出成年人能做出的決定。基本上，你犯錯是沒有關係的。重要的是，為自己的錯誤負起責任，這能幫助你盡可能及早把錯誤彌補過來，痛苦也會減少許多。不要漠視你的錯誤，或置之不理。舉例來說，假設你急著外出跟朋友會面，而忘了關上浴缸水龍頭的水，任它不斷流出水。你越早告訴留在家中的家人這件事，就越不容易讓浴室淹水，或是惹出更大的麻煩。

要坦白自己的錯誤並不容易，不過這就跟任何事情一樣，你越練習，就會越容易。想一想自己的感受，你是不是會擔心其他人的反應？不要讓這種感覺阻止你開口。相反的，要把你的感受帶入對話當中，將你的感覺化成言語文字。你可以說「我需要跟你談談發生的事情，不過我有一點尷尬。」你可以事先練習要如何開口，有個約略的計畫，知道自己大致要說什麼，能幫助你移除不確定感帶來的恐懼。

將成長型思維化為行動力！

泰勒・派瑞（Tyler Perry）是一名知名的美國演員、導演、製作人和作家。他生長在窮困家庭、又是四個孩子中的老二，成長的過程非常辛苦。當泰勒看了《歐普拉脫口秀》（The Oprah Winfrey Show）某一集之後，他的生活出現了改變。這節目告訴他，如果你把困難和麻煩寫下來，有時候是有辦法逐步解決的。

他的第一本日記寫滿了他寫給自己的信，這後來引領他寫出自己第一齣舞臺劇的劇本《我知道自己改變了》（I Know I've Been Changed）。泰勒想辦法存了些錢，租下一間劇院要表演舞臺劇。在他盡了所有的努力之後，第一場的週末演出只有三十名觀眾入場。泰勒並沒有因此放棄，在接下來的六年裡，泰勒接下各種不同的工作，並持續演出舞臺劇。

有幾次因為自己繳不出房租，而不得不睡在街頭。最後，他演出的舞臺劇收到了自己期待已久的迴響。透過堅持和恆毅力，泰勒成功了，並繼續朝向成功的電影事業。

重新架構錯誤，成為正向的激勵

讀到這裡，你已經知道，錯誤是很常見的，從錯誤中學習，是我們挑戰和鞭策自己的一部分。錯誤帶給我們動力，用不同的方式做事情；錯誤讓我們在處理生活中的事情時，變得更有創意、更有彈性。這就是為什麼你應該慶祝自己的錯誤。這個意思是當你犯錯時，我在這裡要求你開心的跳躍歡呼嗎？這個答案是：是，但也不是。意思是說你不應該主動去犯錯，但是找出錯誤，並用它來改進自己，這就值得慶祝了。

當你犯了錯，想一想自己從這當中學到什麼教訓，並贊同自己已經做到的部分。舉個例子來說，如果你正在進行一項科學實驗，在嘗試過幾次之後，你還是沒得到自己想要的結果，這時你可以用「還」這個字，來自我鼓勵：「我只是還沒找到這個實驗的解決方法。」在你的「初次嘗試的失敗日記」裡，記錄自己的錯誤。將來的某一天，你可能把這當中某個失敗的點子，成功的應用在另一個研究課題呢！你還能想到其他的鼓勵方式嗎？你可以告訴朋友和家人自己犯的錯誤，以及你從這次經驗當中學到的心得。把這錯誤重新架構，成為正向的激勵。

意外的傑作

拿出蠟筆、麥克筆或是色鉛筆，盡量選擇你最不常用的顏色。把所有的畫筆放進一個袋子裡。搖一搖袋子，讓所有的畫筆混在一起，再隨機從袋子裡拿出一枝畫筆——眼睛不能偷瞄唷。不管你拿出什麼顏色，你一定得把它用在要塗色的圖畫裡。重複這過程，直到你把圖畫塗滿顏色為止。你會發現，自己在某些地方用上了不常使用的顏色。好好看一下自己完成的傑作，並為自己的創意感到自豪。有些人可能會認為紅色的雲是不對的，但是你把它翻轉成了藝術。

保持彈性，持續嘗試

在這本書開始時，我們探索了在面對阻礙時，應該要堅持不懈。但是也要記得，保持彈性和持續嘗試，是很重要的。不要輕言放棄！如果你不繼續嘗試，又要怎麼衡量自己進步的程度，以及知道自己確實從錯誤中學到了教訓呢？教訓的價值是很寶貴的。有些教訓只能從「嘗試做某件事情」當中獲得。若想要以成長型思維來讓自己進步，就必須能夠「願意」應用從錯誤中學到的教訓。

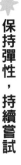

練習，成就完美

練習，是讓我們得以進步的關鍵。就像你現在用這本書來練習技能，好發展成長型思維的道理一樣。你可以用許許多多不同的方法來練習，幫助自己在其他方面的成長。練習任何事情都需要時間和耐心，要留意自己把精力專注在什麼事情上。有目的的練習，意思是指找出自己知道的事情，以及自己還有哪些地方需要改進。你可以詢問朋友、家人、老師或教練等，來幫助你獲得回饋。當你練習自己熟悉的事物時，往往比較不容易看到成長的部分，而且也比較不容易下定決心。持續不斷嘗試，直到自己很確定盡了全力。但是所謂的進步，就是需要你不斷在自己需要成長的地方付出努力，直到精通了為止。不要只是消極的應付過去，來欺騙自己已經有所成長了。

「還」字的神奇力量

言語是有力量的。「我沒辦法完成這拼圖」跟「我還沒完成這拼圖」是不一樣的喃。你看得出來「還」這個字多麼有威力以及篤定嗎？在你的想法裡，加入「還」字，就扭轉了整個觀點。這幫助你的心態更為開放，能夠從錯誤中學習。

當你說出這個字的時候，是在表達：如果自己現在不會做這件事，終究是會學起來的。開始使用「還」字的最好時機，是要意識到每一次自己使用「不能、不會」等字詞時。一旦你發現自己要說出「不能、不會」，就趕緊加上「還」這個關鍵字。

你剛才已經成功的把沒有幫助性的想法，重新架構成正向積極的想法！

現在是你應用「還沒」兩字巨大威力的時候了。列出一張清單，寫上你想要做但是現在還不會做的事情。然後給自己一個完成這件事情的時間。這會讓你認真思考，自己有哪些事情透過指導和練習，就能夠學會的。

我還不會做的事情	我要怎麼學會 以及什麼時候可以學會

聽取回饋建議，幫助你學習

你周遭圍繞著想要看見你把事情成功做好的家人和朋友。聽取他們回饋的建議，能幫助你成為更好的自己。能夠接受建設性的回饋，是成長型思維的技能，這一點相當重要，因為你現在還有很多自己做不到的事情，在嘗試和練習新事物的路途上，你會需要有人來幫助你。不是所有的回饋建議都一定是有幫助的，這當中可能包含聽起來或感覺起來，像是針對你個人的攻擊言論，也通常跟你手邊正在學習的事情沒有關係。如果你沒辦法確定別人的建議有沒有建設性，花一點時間去思考，也可以跟你信任的人談一談。各種回饋建議背後的動機很重要，建設性的評論應該是誠實、有所幫助而不傷人的，它應該要能指出你需要專注的地方，來幫助你進步。

下面是關於建設性和非建設性回饋意見的例子：

◆ **非建設性：**我不敢相信，你竟然沒把球踢進網裡！

◆ **建設性：**你很努力唷！讓我們像個團隊，一起來努力加強你的射門技巧。

◆ **非建設性：**你做早餐時把廚房弄得亂七八糟的，你知道自己不該這樣子嗎？

◆ **建設性：**你做的美式鬆餅真好吃，厲害唷！如果你在麵團乾掉之前，先沖洗一下攪拌碗，之後要洗它就容易多了，這樣子你就可以更快洗乾淨，然後出去玩。

痛點 6

面對新挑戰卻感到挫折、覺得沮喪。

人生總有些意料之外嘛！

臺南車站
TAINAN STATION
哇！終於到臺南了。
天氣真好！
我肚子好餓。
走，先去找吃的吧！
這些都在我的口袋名單裡！
走吧！全部吃一輪！
耶，我要拍個美食特輯。
碗粿
週六公休
沒開！

1935年創立
公休
今天公休！
極品蝦仁飯
員工旅遊！
已打烊！
牛肉湯
這間也沒開、那間也沒開！
今天是什麼日子啊？怎麼店都沒開啊！
我快餓昏了！
都下午兩點了，我們連早餐都還沒吃。

火車坐過站，把行程都打亂了。
下一間——魚鬆飯加虱目魚肚湯！
可是我快沒力氣了，要是又沒開，我連走都走不動。
又餓又累，不如回家吹冷氣。
都是因為佑仁啦，害我們坐過站！今天超難玩。
為什麼都怪我，你們也睡著啊！
是你自己說要負責時間管理耶，結果……
不要吵架啦，我們難得一起出來玩耶！
正—念—工—具—包！
正
嚇！「正念工具包」？又是什麼東西？
嘿嘿，我出發前做的，遇到困難的時候可以抽一張。

正
誰會解籤？
懊惱也無濟於事。
專注在可以控制的事情上。
啊，我知道了。坐過站的事已經沒辦法改變了。
我們還是要想辦法讓接下來的行程變好玩。
沒錯！都來臺南了，一定要吃到美食才行！
可是店都沒開……
我們上網查資料，先打電話去問問有沒有開。
這招好！有開我們再去，就不會白跑了。
通話中
真的嗎？老闆今天有開店！
太好了！
耶～～～～吃飯嘍！

事情永遠都會有意外，再怎麼縝密的思考、全面的防範，意外仍然會從不經意的縫隙中溜進你的人生，打亂你的步調與節奏。因此學習面對意外的態度，也是一種專業的認知技能。

通常意外都會讓我們感到非常焦慮，因為那打斷了我們預期的計畫，跑出了想像的框架之外，因此面對意外時，驚慌失措、擔心焦慮是很正常的，但是我們總是習慣在這時候找出一個可以怪罪或歸咎的理由或對象，好讓心中的焦慮可以有地方安放。就像維恩把坐過站的事怪罪在佑仁身上，來轉移不知道怎麼進行下一步的焦慮心情。但這往往無法解決眼前的問題，因為「憂慮就像搖椅，你晃了半天卻一直在原地」。甚至會讓眼前的狀況越演越烈，一發不可收拾。

而面對意外最務實的態度，就是：「接受意外發生，聚焦眼前可控制的事情」。就如同哲哲一群人遇到意外時，他們可以選擇繼續責怪別人，停留在意外的漩渦中，也可以選擇重新安排行程，讓接下來的旅程完美結束。我們無法逃避意外，但我們可以選擇面對的心態。

做好受到挫折的準備

面對新挑戰時，並不一定會感覺興奮，而可能會帶來挫折感，讓我們想抗拒。抗拒心理是指自己拒絕接受某些事情，特別是在這些事情不容易處理的時候。關鍵在於專心留意自己的這些情緒，好好傾聽。然後你才能理解出它們試著告訴你什麼事情。

生活中本來就有各種挑戰，而你不是唯一一個必須面對它們的人。不幸的是，知道挑戰迎面而來，也不能保證我們可以正向看待隨之而來的壓力。當你遇到阻礙時，感覺受挫是很正常的。這是你的身體在告訴你，你在自己不熟悉的領域裡。舉例來說，當你吃力的做某一項回家功課時，可能也會湧起同樣的感覺。

克服挫折和沮喪的方法

這裡有幾個不同的方法來處理挫折和沮喪，並重新架構它們。

尋求幫助。尋求幫助來克服挑戰是沒有關係的，開口尋求協助不表示你很軟弱。

練習正念。處理沮喪挫折時，正念是一個很有威力的工具。找一個安靜的地方，專注在自己的呼吸上，深吸一口氣、屏住氣五秒，再用五秒的時間慢慢吐氣。連續重複吸氣、屏住氣、再吐氣的動作五次，幫助自己冷靜下來。

重新導引自己的情緒。有些人能夠做快速的呼吸練習，然後就可以回頭繼續做事，其他人則可能需要多一點時間。你可以先暫時停下手邊正在做的事，去散個步、倒杯水，或是做某些能讓自己感到愉快的事。等心情穩定之後，再回來嘗試一次。

我走得很慢，但是我從來不會後退。

——亞伯拉罕・林肯，前美國總統

挫折溫度計

回答下面這些問題，來辨別當你感到挫折的時候，身體會做出什麼回應。

當你沒有感受到任何挫折感的時候，身體出現什麼信號？

當你感覺很挫折的時候，身體出現什麼信號？

當你感覺輕微挫折感的時候，身體出現什麼信號？

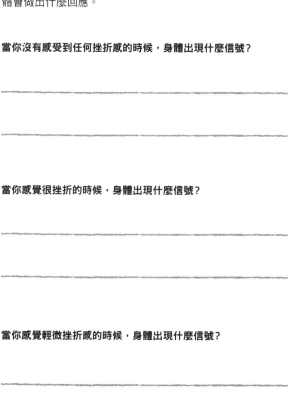

用這個挫折溫度計來判斷自己挫折的程度。先看右邊的應對技巧。再看溫度計哪個部分的挫折程度跟右邊哪些對應技巧連結起來，最有可能幫助你舒緩壓力，用筆把它們連接起來。

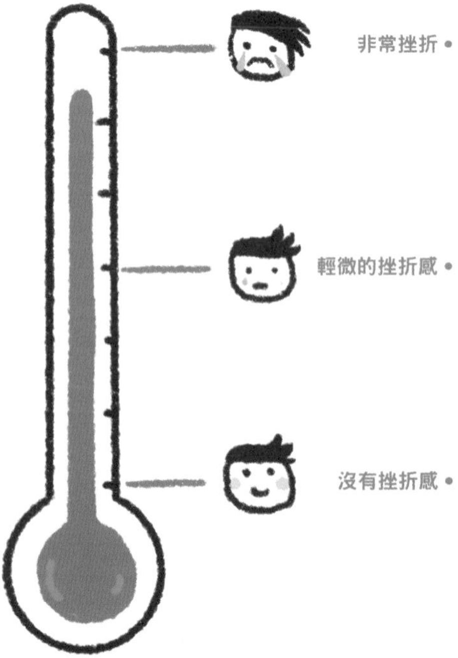

挫折溫度計

- 讓自己休息一會
- 出去走走
- 做瑜珈
- 讀本書
- 放音樂來聽
- 玩遊戲
- 跟某人說話

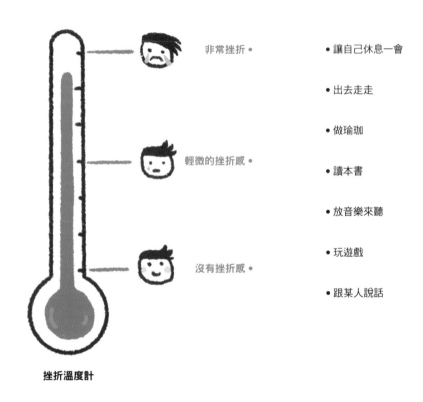

擁抱挑戰

面對挫折和沮喪，你可能會有許多不同的反應。有些人會安靜下來；有些人會大喊大叫，因為感覺到自己的憤怒或是難過。這些感覺都可能令人難以忍受，像是到了世界末日，但事實並不是這樣的。

把挫折化為正向行動

你可以採取下面的步驟，試著把挫折感和自我枷鎖轉化成有幫助的行動。

辨別出自己感到挫折的真正理由。是什麼觸發了你的挫折感？弄清楚能幫助你了解，可以採取哪一種行動來緩解挫折感。

到戶外走走，呼吸新鮮空氣。到戶外去對身體很有益處。在戶外時，你可以進行正念練習，讓自己放慢下來，去留意周遭的環境，慢慢呼吸。

制定計畫。制定計畫可以帶來鎮靜和平的感覺。你的計畫可以簡單到只把要做的事情分成小步驟，把這些小步驟分散到一定的時間內做完，或是只要規劃每個步驟的順序就好。

找出解決的方法而不是問題。寫出可能的解決方法清單。這會幫助你記住，問題是可以修補過來的。

挫折小測驗

有許多方法可以讓你度過挫折的低潮。讓我們來看看，你能不能辨認出哪些是健康的回應方式，幫你度過低潮階段。

1. 當你注意到自己變得沮喪、感覺挫敗時，你應該做什麼？

a. 忽略這種感受。

b. 停下來，深呼吸，辨認造成自己沮喪的原因。

2. 若要練習正念，你應該把專注力聚焦在下面哪樣事物上？

a. 讓你感到沮喪的工作或作業上。

b. 自己的吸氣和呼氣上。

3. 尋找解決問題的方法，是應對挫折的有效方式，因為它提醒你，問題是可以修補的。

a. 正確。　b. 錯誤。

4. 制定回應挫折的計畫可以帶來鎮定的感覺。

a. 正確。　b. 錯誤。

5. 你要如何導引自己的注意力？

a. 專注在問題的不同部分。

b. 專注在完全不同的事情，像是散步。

答案：1.b 2.b 3.a 4.a 5.b

專注在你可以控制的事情上

　　耽溺在你沒辦法控制的事情上，常常會讓你從自己可以專注的事情上分心。把注意力放在你可以控制的事情上，往往會增加自己的自信心。如果你曾加入運動隊伍，可能已經體會過這種心情。你可以努力練習，在自己的位置發揮到最出色的狀態，但是如果有一個隊友失誤，或是另一隊的整體表現更好，你的隊伍就可能輸了比賽。這是你的錯嗎？不是。你仍然會對結果感到失望嗎？當然會！但是你沒辦法控制其他人怎麼做或不怎麼做，因此，把注意力放在你能做的事情上，並發揮到最高水準。當你在面臨困難的挑戰時，這麼做能幫助你繼續往前進。

跟著劇本做

把負向想法重新架構，是一個有用的工具，它把負向想法扭轉成一個改變和成長的機會，也可以幫助你轉變自己的觀點。利用下面的劇本，來引導自己回到你能夠控制的事情上面。回答下面這些問題，能夠讓你不再為自己無法控制的失敗自責。

「擔心這件事」能夠改變任何結果嗎？

還有其他什麼可能的理由讓結果變成這樣子？
而這些理由是你能控制的嗎？

自己原本還可以再多做些什麼嗎？

記住，改變是好的！

你曾經感到無聊嗎？當你的心智沒有受到刺激，或是當你沒辦法真心享受手邊正在做的事情，就會產生這種感覺。這就是為什麼改變是好的。想像一下自己參加學校樂隊，你唯一的任務是在每一個人的獨唱之後打鼓。你覺得自己會開心多久，然後就感到無聊？除非你在下學年擔任新的職責，不然你很有可能不想再參加樂隊了。當每一件事情都維持在同樣的狀態下，會不再感覺到刺激或是不再想要鞭促自己發揮潛能。我們周遭的一切都會發生改變，這是不可避免的。在下一個學年，你會面臨新挑戰，像是新同學、新老師，甚至是新學校，這就是你持續成長和學習的方法。

將成長型思維化為行動力！

在成為美國總統之前，**亞伯拉罕・林肯（Abrahan Lincoln）**是個成功的自學律師。一八五五年，他受雇處理一件案子，他當下就辨認出這是一個可以讓自己事業往前一步的機會。

他深入研究、做好審判前的準備、學習所有跟這件案子有關的重要技能和相關知識。當這案件被移到另一州審理的時候，他也從這案子被移除了職務，卻沒有任何人告訴他！林肯在開庭當天準時出現，一心想要好好表現，但是當他被告知這案子不再需要他的時候，林肯並沒有憤怒的收拾公事包回家，他留了下來，聆聽整個審判過程。林肯並不是受過專業訓練的律師，但是在法庭上的這些律師卻是，因此他仔細研究他們的一舉一動，他發覺這些人比起自己實在是優秀太多了。

他在那一刻發誓，回家之後要鑽研法律，督促自己成為一個更好的律師。林肯沒有被挫折打擊得一敗塗地，相反的，他把挫折當成激勵，讓自己的實力和壯志更上一層樓。

健康的競爭心態

我們有競爭的心態是很正常的。事實上，我們可以相當有好勝心，自己卻還不知道。健康的競爭心態可以刺激我們做出了不起的事情。它幫助我們發展同理心、適應力和堅持不懈的恆毅力。但是不健康的競爭心態可能會帶來太多不必要的壓力，它可以引導出負向的自我對話、破壞自尊。

健康的競爭心態跟結果無關，跟輸贏也沒有關係。相反的，它應該是讓我們在整個過程樂在其中和學習到事物。在賽跑競賽中打破自己個人最佳紀錄，或是在比賽中成功運用了一項新技巧，都是健康的競爭心態。

而不健康的競爭心態在事情進行不如意的時候，會製造出挫敗的感覺。假設你跟一位朋友一起比賽，看誰可以最快拼出完整的圖案。你非常努力，一片一片拼著，但是你的朋友卻比你早一步拼出整個圖案。你對自己很生氣，你把原本應該是一個友善的競爭，變成了不健康的比較。那麼你要如何投入競爭的過程，卻不會感覺到挫折或是憤怒呢？好好享受當中的樂趣，並且專心在自己可以控制的部分。你沒辦法控制朋友完成拼圖的速度，因此把你的力氣放在享受當中的過程，盡自己最大的努力，然後記住自己可以越來越好。

開心玩紅綠燈

現在，你要和你的朋友們一起玩紅綠燈的開心版本。你會需要至少四個人才會玩得盡興，遊戲的目標是盡量不要被鬼碰觸到。請先選出一個人當「鬼」，鬼的任務是追其他的人，想辦法拍中他們，讓他們凍住不動。當你被拍中、凍住之後，必須要在原地不動十秒。時間到了之後，你可以自由走動，並試圖去輕拍其他被鬼凍住的人，還他們自由。

這個開心版本跟其他的紅綠燈不一樣唷，因為這遊戲沒有所謂的贏家。五分鐘時間一到，遊戲便結束了。這遊戲重點不在輸贏，只是單純享受你追我逃的過程，而不在乎結果。

如何處理被拒絕的滋味？

每個人在某個時候都會嘗到被拒絕的滋味，這在我們的人生中會發生很多次。不是你去參加的每個甄選，都會選中你加入他們的隊伍；也不是每個人都會邀請你到他家參加過夜派對，開心打鬧一整晚；你也沒辦法每次都擔任學校話劇表演的主要角色。面對這些不如意，訣竅就在於，不要讓「被拒絕」影響你的自尊。你還是相當了不起啊！

一開始，你可能會試著想要輕描淡寫帶過自己被拒絕的事情，或是選擇性遺忘，但是這麼做會讓你感覺被孤立。相反的，應該要把你被拒絕的感受說出來，並且反思。你必須先承認已經發生的事情，才能度過這階段。你也可以把自己的感受告訴某個人，有時候，知道其他人也有跟自己同樣的感受，會讓你感到安心許多。

不管你想怎麼做，試著不要老是去想這件事。你在應對被拒絕的感受時，很容易被困在沒有幫助性的想法模式裡，而這只會讓你不斷重複經歷這難受的、被拒絕過程。你該讓自己做一些讓自己感覺好過許多的事情。

吃個療癒派

讓我們來練習以健康的方式處理「被拒絕」的情況。你只需要一枝鉛筆或原子筆來當作旋轉指針。現在，想像自己對一群人說了一個笑話，結果沒有半個人笑出來。這在日常生活中是很常發生的情況，足以造成被拒絕的感受。

1. 把原子筆或鉛筆放在桌遊板上，將筆旋轉。
2. 不管筆尖落到哪部分，練習用這個反應來處理被拒絕的場面。

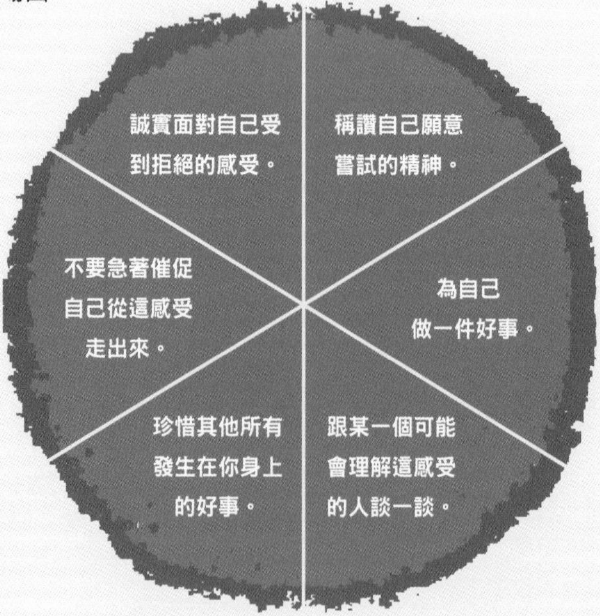

痛點 7

有時候我會需要幫忙，
但是我說不出口。

有開口就有機會。
你不孤單啊！

走，我們去租自行車，騎車去安平古堡！
還是我們坐公車去，到那邊再租自行車？
安平古堡很遠吧，我們太晚到臺南了，現在騎去就天黑了。
我想去逛安平老街。
聰明耶！
那當然！
我來找公車站牌。
移動中
你們看，前面就是安平老街了。
好多人！到處都是人，怎麼騎車？
牽車逛街更累。
還是先逛吧，晚點再騎。

林氏蝦餅
買三送一　買五送三
萬一走散了，
就5點半在路口那間蝦餅店集合喔。
好——
耶，我要買一些好吃的回家。
我要去玩射氣球。
有人在做椪糖耶，好像很好玩。
蝦餅
奇怪，都6點了，維恩還不來。
這樣會趕不及去坐火車。
到底逛到哪去了？打他手機也沒接。
天快黑了。怎麼辦？
會不會發生什麼事了？
NIKE

維恩——
！
你在哪裡——
維恩——
維恩，你怎麼了？
我把相機弄丟了，找不到，回家會被罵。
啊！先別那麼擔心，我們一起找。
走，我們沿路找一遍。
在那裡！
怎麼辦？還是找不到。
我們要不要找大人幫忙？
會不會有人撿到了送去警察局？
可是，這裡沒有我們認識的大人。
我們可以請那個叔叔……
可是，他看起來……不知道會不會很凶？
我們一起去。

叔叔，我朋友的相機掉了，
你去！
你啦！
你可不可以幫我們廣播？
那有什麼問題。
各位逛街的好朋友聽過來！
請大家幫忙注意，有沒有看到一臺黑色單眼相機，大家幫忙找喔！
原來你在這裡啊！你忘在我的攤位啦！
一抬頭你就不見了，我到處找你呢！
太好了！謝謝叔叔！謝謝阿姨！
糟了，來不及搭8點回臺北的火車了。
天都黑了。
對不起，都是因為我……
怎麼辦？

許多人都把求助看成是脆弱、糟糕的行為，因此遇到自己能力無法承擔的困難時，不是選擇獨自面對，就是選擇獨自逃避。但這兩種選擇，通常最終還是會牽連身邊的人。或許害怕求助，一部分是不想造成別人的困擾、惹來責罵，一部分則是一旦開口求助，就必須先面對「自己不好」、「自己無能」的感受。這種感受對自信心的打擊實在是太大了，因此難以承受。維恩弄丟了相機，獨自躲在角落裡哭泣。如果他的朋友沒有找到他，並一起尋求幫忙，到了天黑，一個人在暗處的維恩可能會更無助，甚至可能遇上危險。求助真的是因為無能嗎？事實上，求助的前提是因為事情超出自己能夠控制的範圍，即將往不樂見的方向發展，或造成利益的損失。所以求助是一種資源的連結，讓外部資源透過這個程序一起加入解決問題的行列，進一步降低風險、維護利益。因此求助是理智的決定。當然，求助時要選擇可靠的人。哲哲選擇求助的對象，是公共場合裡的大人，在他的幫忙下而有好的結果。

能夠學會適當求助的人，往往也是心理強大的人，因為他們能將心中脆弱、無能的感受暫時安置在一邊（請注意，心理強大的人也是會有這些負面感覺），而聚焦在眼前的問題上。遇到困境時，試著告訴自己：「判斷什麼時候求助也是一個理智的決策，懂得正確求助，就能連結資源，控制風險、維護利益。」

勇敢說出真實的感受

每個人一生中都會遭遇到挑戰。挑戰可以帶來很多情緒，而每個人的情緒反應也可能很不一樣。一定要記住，你不是孤零零一個人面對。當你在經歷困難的時刻，可以尋求朋友、可信任的成年人，以及團體資源的支持。

我們的社會有時候會告訴男孩，他們不應該哭泣或談論情緒的問題。整個社會看起來似乎只有女孩才可以做這樣的舉動。這完全是錯誤的，各種性別的人都有各種情緒。會讓你的姊姊、妹妹或是朋友難過沮喪的事情，也同樣會讓你感到難過沮喪。跟一個你信任的人分享自己的情緒，是一個有幫助的策略。多數時候，對方可以理解你的心情，並提供過去曾幫助過他們的建議給你。

當你把情緒說出來，就比較不可能變得憂鬱。你不該長久的抓著負向情緒和想法不放，如果你這麼做，它們就會加強力道，對你的心情和個性產生長遠的影響。把這些感受說出來，對於解除心理負擔是很有用的方法，也能讓你感覺好過很多。

練習讓自己變得敏感和脆弱一些，脆弱讓你有機會跟其他有類似經驗的人連結。聽見一句「我也有同樣的感覺」能產生巨大威力，讓你願意再試一次。這些話也提醒了你，自己並不是孤單一人的。

開口尋求幫助

尋求幫助最困難的地方，在於要知道自己可以信任誰，知道有誰會不帶任何評論的站在你身邊。一旦你辨認出這些人，開口尋求幫助就會變得容易一些了。你會開始允許這些人在你需要的時候出手幫你，他們不必是成年人，就算是也未嘗不可。

你可能會依據自己的情況，覺得跟兄弟姊妹或是好友分享自己的感受會比較自在，對方會帶著同理心和理解心傾聽。你或許也會找自己信任的老師、鄰居或是教練等人。當我們開口跟別人說自己所面對的挑戰時，往往會發現他們也曾遭遇過類似的問題，他們或許已經找到了我們自己沒有想過的解決方法。

和成年人聊聊天

跟別人對話吧！在你的生活中找到一、兩位自己信任的成年人，跟他們聊聊。問他們以前犯下錯誤以及克服挑戰的種種經驗。記住，你得問有具體細節的問題，然後仔細聆聽他們的回答。下面是幾個讓你開啟對話的範例：

1. 你曾犯下什麼樣的錯誤？
2. 你在那當下有什麼感覺？
3. 你做了哪些事情來克服挑戰？
4. 如果你可以重來一次，你會有哪些地方做得不一樣？

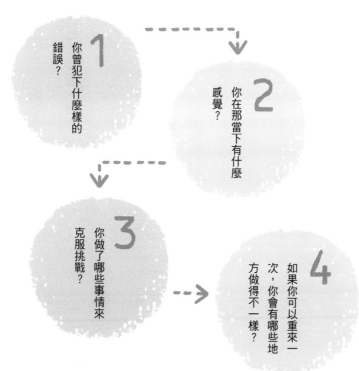

將成長型思維化為行動力！

考爾．魯道以夫（KAUÃ RODOLFO，巴西環保工作者）擔任由一群孩子領導的環境覺醒組織「植樹造林」（Plant-for-the-Planet）大使的時候，不過才十一歲。他小時候在家鄉巴西目睹過土石流、石油洩漏，以及森林野火等事件。對任何人來說，親身經歷過這些天然災難，絕對足以讓人帶來可能一輩子都難以擺脫的恐懼。但是考爾設法突破了這種恐懼，並認為幫助改善這情況是自己的責任。他開始在巴西的古里提巴市（Curitiba）種植樹木，來幫忙拯救環境。「我不害怕地球的未來，因為我會幫助地球，」他說，「我會付出行動。我要跟著這計畫一起往前進。你們不需要擔心或害怕。」考爾排除恐懼，在自己堅定的信念中找到勇氣，仍然堅持到底。

有效溝通的入門包

要擁有成長型思維，溝通是很重要的一部分。想要跟其他人有效溝通，可以嘗試下面這些方法。

提出問題。你對哪些事情感到好奇？說出你的想法，不要害怕在課堂上舉手發問，或是害怕問某些人他們有興趣的主題。你可能因此發現一項新的嗜好，或是做事情的不同方法。

尋求支持。你沒辦法達到自己的目標，或是沒辦法為了球隊的募款活動，賣出四十盒糖果嗎？不妨請家人或是任何支持你的人際關係網絡伸出援手，幫助你達成目標。如果你需要更多的幫助，去詢問更多的人都是沒有關係的。

分享你的感受。有時候，太多心事，可能會讓我們失去專注力。不妨試著說出自己當下的感受，這樣可以挪出心裡的空間，給有用的新資訊。

找尋資訊。運用你所有的資源：教科書、筆記、影片，只要你可以拿取到的資源都可以。讓自己對於手邊的任務做足準備，能幫助你更清楚的溝通。

展現感激。要謝謝幫助你達成目標的每一個人。對他們說謝謝，不只是會讓你感覺良好，他們在未來也會更樂意幫助你！

進行對話的技巧

跟成年人對話，有時候可能會讓你感到很怪異或尷尬，這可能是因為你沒有經驗，不知道怎麼開口，或是因為某些主題讓你感到焦慮；你也可能會因為不知道這場對話將怎麼發展而感到緊張。你或許不相信，但是成年人對許多這類的事情，也會有同樣的顧慮呢！

你可以試試用這樣的方式來開啟對話：

嗨，我想要跟你談談關於 ＿＿＿＿＿＿ 的事情。
你覺得什麼時間比較合適呢？

要注意保持禮貌，並用完整、清楚的句子。說話時一定要注視著對方，說完的時候再說一句：

「謝謝你花時間跟我談這些。」

不管這段對話結束時的結果是不是跟你期望的一樣，一定要練習表現出感激的態度。

成為良好的傾聽者

仔細聽人說話，是發展成長型思維的一個重要部分。要幫助你自己成為一個良好的傾聽者，就試著運用下面這些策略。

注意力要專注。對方說話時，要直視著對方，讓彼此眼神接觸。身體要面向對方，好清楚表達你的關心。

聆聽是要去理解明白，而不是回應。想像你過了很糟糕的一天，你試著跟朋友談這種感覺，但是這朋友沒有真正的傾聽，而是不停打斷你，說一些他認為你想要聽的話。你會有什麼感覺？有時候你只是想要有個人聽你說話，表現同理心就好，而不是要他們試著解決些什麼。

要確認自己的理解正不正確。你應該開口問問題，來釐清你所聽見的話，或試著重複一次你認為對方所說的話。你有完全理解他們說的話，以及他們是怎麼說的嗎？「確認」會展現出你真的在意對他們剛才所說的話。

去留心語言以外的線索。語言以外的線索包括我們的表情、肢體動作，以及當我們溝通時的反應。像專家一樣聆聽，是指去留心注意某個人透過臉部表情和身體在說什麼。你的肢體語言和臉部表情透露出來的東西，往往要比言語還更多。

越說越長的故事

利用下面這個故事遊戲，來試著「像專家一樣傾聽」。你需要找兩位以上的人加入這遊戲。

遊戲開始，由某個人先說出一句話，這獨一無二的故事就算開始了。舉例來說，第一句話可以是「從前從前，有一個男孩必須要在全班同學面前講述他的歷史作業報告。」接著，大家輪流說一個句子，每個說話的人都必須先重複前面說過的故事，再加上自己的一句話。大家可以輪到兩到三次的機會，這樣子每個人都有機會多說幾句話。你有辦法正確的重複每一句話嗎？

做自己最好的朋友

你應該對其他人有同情心，但是對自己展現出同情心也很重要唷！「自我疼惜」是一種了解自己、接受自己和疼愛自己的能力，尤其是在艱困的時刻。

對大多數人來說，向其他人表現同情心要比疼惜自己容易許多。不過我們大家都應該對自己和善親切，這樣會讓我們更快樂、更有信心，對於克服困難的挑戰也會更積極。當你嘗試新事物、犯錯、練習自我疼惜的同時，也就是在學習和成長了。記住，沒有什麼事情在第一次做的時候就很容易，你可能會在第二次、第三次或數次的嘗試中仍然感到辛苦，而且可能變得沮喪，產生沒有幫助性的想法。不過，這些都是正常的。當你感到洩氣時，試著練習自我照顧。想想你喜歡做的活動，當你感覺自己不在最好的狀態時，就去做讓你感到開心的活動，來提振自己的心情。

另一個方法，是想想你會對自己的好友說什麼打氣的話，然後對自己說這些話。當你的好友在辛苦的努力時，你會對他說任何負向或是洩氣的話嗎？當然不會，你會支持他和鼓勵他。那麼，你也應該要這樣對待自己。花一些時間跟會讓自己心情變好的人相處，也會有所助益。避開那些會讓你看輕自己和懷疑自己能力的人！

如果人們能夠學會合作，地球就會找到出路。

——考爾．魯道以夫（KAUÃ RODOLFO），巴西環保工作者

自我照顧英語字謎

自我照顧可以幫助我們放鬆心情和身體。在下面的英文字母當中，找出九個符合自我照顧的詞彙。然後，再圈出下一次你需要疼惜、照顧自己的時候，會願意嘗試的活動。

C	I	J	S	J	U	R	C	M	C
Z	X	G	O	C	H	W	Z	U	N
O	M	D	I	U	H	Q	G	H	S
R	E	R	R	O	R	Y	O	G	A
E	D	A	E	B	M	N	U	C	G
S	I	W	A	H	A	K	A	J	S
T	T	W	D	B	E	T	V	L	I
T	A	A	O	D	U	S	H	D	N
G	T	L	O	B	S	G	Z	S	G
J	E	K	I	C	V	P	Y	Y	C

泡澡（bath）　畫圖（draw）　寫日記（journal）

冥想（meditate）　閱讀（read）　休息（rest）

唱歌（sing）　散步（walk）　做瑜珈（yoga）

表現同理心

我們對自己展現的同情，也應該擴及到那些正在面對自己的洩氣、挫敗和錯誤的人，我們稱這為「同理心」。當你的朋友感到很沮喪，而你也為對方感到難過時，說一些安慰和有希望的字眼，就是一種展現同理心的方法。儘管你自己並沒有直接經歷到對方的挫折，你仍然能夠明白他的感受。這裡有一些方法教我們如何向他人表現出同理心。

站在他人立場，設身處地的思考。問自己：「如果我處在這種情況，會有什麼感覺？我會希望別人怎麼對待我？」

辨認出自己以往的類似經驗。這是你以前也經歷過的感覺嗎？讓對方知道，他並不孤單，你在過去也有同樣的感受。

不要試著去修補任何事。很多時候，朋友最需要的只是你的陪伴和傾聽，就這麼簡單。

不要做假設、推斷。不管你做再多的推論都無法真正切中對方的感受，這只會讓你很難跟對方建立坦誠的連結。

同理心是一種需要多次練習才能建立的技能。你練習得越多，也就越能夠向別人展現同理心。

如果是你，你會怎麼想？

運用下面這個同理心遊戲，學習站在他人立場，設身處地的思考。你只需要一個骰子就可以進行遊戲，如果手邊沒有骰子，可以在六張小紙片上各寫下數字 1 到 6，然後放進一頂帽子裡。

你擲骰子，或是從帽子裡拿出一張紙片。不管你拿到什麼數字，想像自己正在對應的情況裡，你會有什麼感覺？你又會希望某個人可以如何支持你？

1 朋友的寵物跑掉了。

2 你的表弟沒被選入足球隊。

3 你被邀請參加一個派對，但是你的好朋友卻沒有被邀請。

4 有一個同班同學考試不及格。

5 一個同班同學把午餐忘在家裡了。

6 今天是雨天，但是你的哥哥（姊姊、弟弟或妹妹都可以）忘了帶雨傘，所以全身都淋溼了。

痛點 8

不知道我設定的目標是否能真正達成？

就算最終的目標沒達成，途中也會有些收穫。

老街的攤位都收了。
我忘記剛剛的公車站牌在哪了。
今天回不了家。
怎麼辦？
同學們！
李老師！
又吃美食又逛街，今天很開心吧！
吼！老師你跟蹤我們！
難怪我一直覺得背後毛毛的。
照片
才沒有，我是要回臺南老家，剛好跟你們搭了同一班火車。

老師，我們來不及搭火車回臺北了。
我慘了。
怎麼辦？我答應爸媽今天會回家。
老師，今天能不能讓我們住你家？
!
不～～
我好不容易放暑假！
好吧，你們想辦法說服爸媽，讓你們今天在老師家住。
OK！
OK！
OK
其實是老師早就跟你們爸媽聯絡過了。

老師，我們這次任務失敗了。
是嗎？
對啊，我們坐過站，沒吃到計畫中的美食，甚至今天回不了家。
唉，全程都沒騎到自行車，白學了。
但是你們有吃到好吃的食物、逛了老街，
玩得很開心吧？
對呀！
總是有一些意想不到的事，讓我們沒辦法完全照計畫走，但還是會有收穫的。
沒錯，以後有機會，我們一定要搭火車、騎自行車環島！
這樣好了，明天還會在臺南待一天，你們好好計畫吧。
成一功一計一畫一表！
呃，老師……

成功的計畫──五元素
1．要明確
2．要能追蹤
3．要能實際完成
4．要切題
5．設定完成的日期
要把玩遍臺南十大景點。
每天吃兩個以上的美食。
列出美食口袋名單，照順序一個個去吃。
拍出美食特輯。
是要你們做計畫，不是叫你們許願！
用一整個暑假的時間，住在老師家！
想得美！
明天就把你們送回臺北！

有時候，我們設定了目標，擬定了計畫，因為各式各樣的意外而打亂了我們的安排，導致目標宣告失敗。然而沒有達成目標的計畫，就是完全失敗的計畫嗎？

事實上，學習不是封閉的死角，而是三百六十度開放式的探索。任何追求目標過程中所產生的經驗，都是學習的素材，因為這些經驗只能透過行動產生，然後成為你獨特的歷練與見識。就像遊戲中打怪累積的經驗值，是你升級必備的關鍵，只不過真實人生跟遊戲的差別是，遊戲中成功才會有經驗值，但現實生活中，失敗賺到的經驗值更多。故事中的一行人，計畫環島卻只得來一天的旅程；想去臺南卻坐過站；想吃的小吃店都沒開；沒搭上回程的火車……這聽起來真是狀況連連的旅程。但他們還是吃到了美食、逛了老街，發生了許多日後回想起來，回憶滿點的趣事，甚至「因禍得福」得以多玩一天。

從這個角度來看，曾經很努力實踐，但卻沒達成目標的計畫，一定是完全失敗的計畫嗎？如果我們從學習的角度來說，這可能是一個更難得的升級的關鍵。來日這四個人規劃真正的環島旅行時，一定能更周全。所以當下一次你的目標或計畫失利時，你要記得問問自己：「我從中得到了什麼經驗值？」

讓自己發光！

你的潛能是無限的，如果你繼續培養成長型思維，沒有什麼事情是你做不到的。但是，別讓阻礙和錯誤使你偏離了前進的軌道。在你的生命裡，會持續出現這些狀況，不過你有很多的資源來幫助引導你前進，這本書就是一個起點。

你很特別，世界上沒有任何人和你一模一樣，你是獨一無二的。獨一無二的意思，是去辨認和承認自己的感受，不管是正向或負向，也不論它們表現出來的方式是否與你個人的價值相符合。要獨一無二，就得要勇敢！我們每一個人都有自己想要或是需要改進的地方，或許，你需要在耐心上多加練習；或許，你還在努力練習不要老是分心，好讓自己更容易達成目標。

不管你正在改善自己哪個部分，記住你已經學到的「自我疼惜」和「同理心」。自我疼惜是在事情發展不如意的時候，仍然和善對待自己，多一分理解和包容。同理心則能幫助你了解其他人的感受。多多練習這兩個項，來幫助你成為獨一無二的自己。

別人的總是比較好？

讓自己發光發熱的絕大關鍵，是知道自己的優點以及需要成長的區域。每個人都有優點、弱點、成功和失敗。沒有誰比誰還要更好，這也包括了你。拿自己跟別人相比，是很自然的事情，我們大家有時候都會這麼做，不過，這也可能造成高度焦慮和壓力，因此請試著避免這麼做。

避免落入比較的圈套

我們來看看有哪些方法可以避免自己落入「比較」的圈套裡。

每當你拿自己跟別人比較的時候，先承認這個事實。你可以說：「我又這麼做了。我把自己跟某某人相互比較了。」之類的話。當你沒有達到自己的目標時，拿自己跟別人做比較，往往是一種自然的反應。與其把自己跟另一個人比較，你應該先承認自己沒有達成目標。接著再去想，自己原本可以採取什麼不同的做法。

加強對自我價值的認知。在你成長過程中，逐步明白了自己的個性和熱情時，要記住，你是獨一無二的。你的想法和感受是屬於你自己的，跟他人無關。知道自己有多特別，然後繼續讓自己進步。

把比較心理轉換成感激心理。挑戰自己，找出某一件你想要感激的事情。舉例來說：「我很感激自己有機會參加這場網球巡迴賽，即使我沒有贏也一樣。」

沒錯，我們可以的！

——凱薩．查維斯（Cesar Chavez），美國勞工運動領袖

畫一張自畫像

自畫像是一個不需要跟其他任何人比較，就能反映出「你之所以是你」的獨一無二特質的方法。利用下面的畫框，畫出可以代表你內在實力，以及你所擁有的特殊力量的自己。你可以加入符號、形狀或是支持你的朋友和家人。如果想要讓任務更具挑戰性，試著不要利用任何文字來完成你的自像畫。

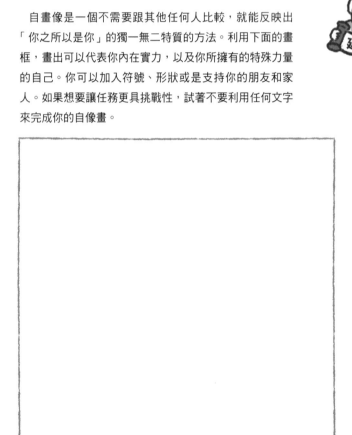

將成長型思維化為行動力！

凱薩．查維斯（Cesar Chavez，美國勞工領袖）是「美國聯合農場工人聯盟」（United Farm Workers of America）的發起人，這是美國第一個農場勞工聯盟。他是移工（指為了找工作而四處遷徙的人）的主要發聲人。他對移工權益不遺餘力的提倡，吸引全國人民注意到這些移工惡劣的工作情況，最後終於獲得了改善。凱薩維護農工的權益，方法包括了透過組織進行非暴力的抗議、遊行以及杯葛，來爭取公平的勞動合約，像是較高的工資和完善的工作環境。

為了設立他理想的勞工工會，他必須克服來自加州各農業公司龐大的反對和抵制。他把自己受挫的感受，導引到自己童年時在惡劣的環境中採葡萄和棉花的經驗。由以前的自己鼓勵現在的自己找到方向。他也將對這些移工的同理心，做為推動自己往前進的力量，也更加認真，即便他感覺每一個人都在反對他，他也不退縮。凱薩的口號是：「沒錯，我們可以的！（Yes, we can!）」美國總統歐巴馬後來把這句話用在自己的選戰當中，也是他堅持不懈和展現決心的最佳例子。

讓你的夢想成真

我們每個人都有夢想——我說的可不是當我們夜晚入睡時做的夢境——這些夢想不管大或小，都是我們想在生活中達成的事情。它可以是將來有一天我們想要的夢幻工作，或是成為畢業典禮上的學生致詞代表，站在臺上演說……在追夢的路程上，沒有人不需要克服挫敗和阻礙，就能輕鬆達成自己最大的夢想。不過，你也不需要擔心，你有各種策略可以運用，來克服這些挑戰，達成你的夢想。

長期目標和短期目標

目標有兩種形式：長期目標和短期目標。長期目標是指你想要花上好幾個月或是好幾年達成的目標，像是希望在下一季成為籃球校隊的先發球員。短期目標是指你想要盡快完成的事情，像是在一個週末內成功破關某個電動遊戲。若想達成長期目標，把它拆開成一連串、可以分次完成的短期目標，會變得比較容易達成。

每當你要設立一個目標時，問問自己下面這五個問題：

問題1 我想要達成什麼樣的目標？要明確清楚的說出自己想要的結果。

問題2 我要如何追蹤這個目標的完成進度？

問題3 這個目標是我真的可以完成的嗎？
要讓目標實際可行。

問題4 這個目標符合我的價值觀
和興趣嗎？

問題5 我什麼時候要達成這目標？
設定一個時間表。

舉例來說，假設你想成立一個科學社團，你可以把條件列得很清楚，像是這個社團會有十個成員，社團會員的資格在三個月後結束。社員要計劃一星期聚會兩次，時間是下午三點十五分到四點十五分。三個月之後，社團要發表一份關於沉積岩的專題報告。這是一個非常棒的目標，因為它都明確回答了上面五個問題。

辨認成功的目標

現在你知道一個成功的目標需要有哪些元素了，讓我們來看看，你能不能辨認出下面哪些是成功的目標。記住你制定目標時需要的五件事：要明確、要能追蹤、要能實際完成、要切題，以及設定完成的日期。下面哪些是成功的目標呢？

是 否

☐ ☐ 1. 我想要培養早上起床例行程序，這樣子我才不會上學遲到。

☐ ☐ 2. 我要在新課堂開始的兩個星期內，跟每個老師碰面，培養關係，明白他們對我的期待。

☐ ☐ 3. 今年，我要把每個作業在截止日期的至少一天前完成，才不會因為太趕而搞砸了。要達成這目標，我要把每項作業的截止日期列成清單，然後照順序完成。每個星期天晚上，我要花十五分鐘的時間，來檢查有沒有哪項作業需要我在下個星期特別注意的。

☐ ☐ 4. 我要開始把所有該做的家事在一天內完成，這樣子我就不用擔心在其他的日子裡煩惱了。

答案：1.不是 2.是 3.是 4.不是

解決問題的技能

現在，你已經知道，在培養成長型思維的道路上，會有不同形式的阻礙和挑戰。一個能幫助你達成夢想的重要技能是「解決問題」。在足球場上，臨陣改變戰術，是四分衛在比賽時解決問題的方法，而不需要停下腳步或是叫暫停。

他會在比賽進行中，喊出戰術讓隊友們知道。解決問題是指想出新方法來改善技巧、從錯誤中學習，以及找出答案。當你面對一個問題時，可以遵照下面這些步驟：

確認問題。如果你連問題是什麼都不知道的話，是沒有辦法解決問題的。

腦力激盪，想出三個可能的解決辦法。

列出每個解決辦法的利與弊。

選擇一個可行的辦法，試試看。

記住，如果你的第一個辦法行不通，總還可以再試其他的辦法！

有時候，你得先嘗試幾次之後，才能成功的解決問題。

挑戰熔岩障礙賽

找一位朋友，在你的家裡或戶外，利用厚紙板、枕頭，或紙張來建立一個障礙賽。

你擺設的物件（厚紙板、枕頭等）周遭，當作熔岩區，比賽目標是要在不經過熔岩區的情況下，用最快的時間，安全抵達障礙賽場地的另一邊。雙方要輪流完成障礙賽。

記住唷，這比賽跟策略有關，因此要去思考：哪一個路徑最容易？哪一個路徑最快速？盡可能用最短的時間抵達另一邊。如果你不小心倒在熔岩區，要去思考，哪裡出錯了，並想出一個新路徑去嘗試。

擁抱靈活性

想成為解決問題的高手，就要擁有彈性和靈活性。靈活性的意思是，你能夠改變自己原先的計畫、期望和做事的方法，而不感到害怕是或想放棄。有時候，你只需要有適應力就能成功。這是一種在不完全改變計畫的前提下，做一點調整或是修改的能力。假設大人正開車載你去上學，結果車子發生問題，你在當下做出改變，找出另一個方式抵達學校。你可以改搭公車或捷運，而不是因為原先的計畫沒有效果，就直接放棄。

你可以用好奇心來擁抱靈活性，這會讓你願意去看待其他可能更有效果的選擇，不要緊抓著單一的計畫不放。靈活性是一種能夠切換的能力和意願。改變不一定都很容易，尤其是當你認為自己有一個很棒的計畫的時候，突然間需要改變方向。當你可能需要臨時改變計畫的時候，找出可以幫助你的人。

比手劃腳猜猜看

你需要至少兩個人才能玩這遊戲。首先，先決定主題：它可以是有名的電影角色、食物種類，或是任何其他事物。遊戲目標是在不說出任何字的前提下，把名字或事物表現出來。你的隊友必須猜出正確的答案。如果你原先表現出的姿勢，讓你的隊友一臉茫然，或是說出不正確答案，就要做出改變，嘗試不同的動作。如果你想要讓挑戰的難度升級，可以讓每一個人表演的時間只限一分鐘。

當你們玩過幾輪之後，不妨反思一下，在你的隊友試著猜出答案時，你得不斷保持靈活的態度，這對自己來說有多困難？在你改變自己呈現出來的動作時，是比較容易或是更加困難呢？

慶祝自己的成功

給自己一個熱烈的擁抱。你已經來到這本書的最後部分，而且都沒有放棄唷。在你持續努力練習書中的技能時，會需要用上一些東西，請好好享受。

你努力做著書中這些練習，應該為自己感到驕傲。在你持續培養成長型思維的同時，找出時間來認可自己的成功和努力，是很重要的。認可你走來的每一個里程碑，這會鼓勵你持續前進。慶祝的形式不需要很盛大或是很熱鬧，對著鏡子裡的自己說幾句稱讚的話，或是碰個拳，就可能很夠了。當然，你若想要跟其他人分享你的成功，也很棒，告訴那些在成長的路程上幫助過你的人，你已經達成「讀完這本書」的任務了！

領取學習證書

這一路來，你非常努力學習，接下來就要準備為自己慶祝唷！你要動手做一張學習證書，來彰顯自己努力的成果。證書上會包括一段肯定的文字、兩個你想要記住的主要學習技能，以及一到兩位你打心底信任的人。還要畫出一張圖，呈現讀完這本書對你的意義是什麼。想法越有創意、色彩越繽紛越好。這是你贏來的！

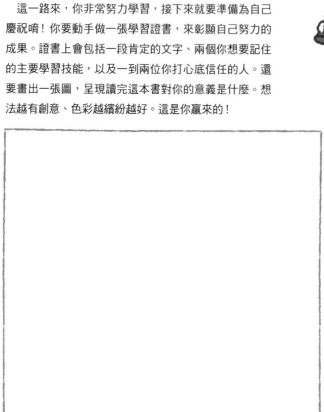

夢想要遠大！

你可以做任何自己想要做的事情。你需要的就只是正確的態度、支持你的人，以及成長型思維。記住，要盡可能利用這本書中的所有資源。用「肯定的保證」，來激勵自己繼續前進。把沒有幫助性的想法重新架構，踢走負向和消極。接受自己的缺點，然後努力把它們翻轉成實力。面對困難的時刻，給予自己同情。當你也能感受某個人的辛苦煎熬時，給予同理心。你已經準備好接受這世界的任何挑戰，也準備好表現最棒的自己。你沒問題的！

MEMO

13 歲就開始 8

給中學生的 成長型思維——男孩指南

The boys' guide to growth mindset : a can-do approach to building confidence, resilience, and courage

作　　者｜奧魯瓦托辛・艾肯德列（Oluwatosin Akindele,LMSW）
翻　　譯｜劉嘉路
漫畫腳本｜蔡珮瑤
漫　　畫｜吳宇實
插　　畫｜水腦
審　　定｜陳品皓心理師

責任編輯｜詹嬿馨
特約編輯｜蔡珮瑤
封面設計｜陳宛昀
內頁排版｜翁秋燕
行銷企劃｜李佳樺、王予農

天下雜誌群創辦人｜殷允芃
董事長兼執行長｜何琦瑜
媒體暨產品事業群
總經理｜游玉雪　副總經理｜林彥傑
總編輯｜林欣靜
行銷總監｜林育菁　版權主任｜何晨瑋、黃微真

出版者｜親子天下股份有限公司
地址｜台北市 104 建國北路一段 96 號 4 樓
電話｜（02）2509-2800　傳真｜（02）2509-2462
網址｜www.parenting.com.tw
讀者服務專線｜（02）2662-0332　週一～週五：09:00~17:30
讀者服務傳真｜（02）2662-6048
客服信箱｜parenting@cw.com.tw

法律顧問｜台英國際商務法律事務所・羅明通律師
製版印刷｜中原造像股份有限公司
總經銷｜大和圖書有限公司　電話：（02）8990-2588

出版日期｜2024 年 1 月第一版第一次印行
　　　　　2024 年 2 月第一版第二次印行
定　　價｜420 元
書　　號｜BKKKC252P
I S B N｜978-626-305-625-1（平裝）
訂購服務
親子天下 Shopping｜shopping.parenting.com.tw
海外・大量訂購｜parenting@cw.com.tw
書香花園｜台北市建國北路二段 6 巷 11 號　電話（02）2506-1635
劃撥帳號｜50331356 親子天下股份有限公司

國家圖書館出版品預行編目(CIP)資料

給中學生的成長型思維：男孩指南篇 / 奧魯瓦托辛.艾肯德列文；吳宇實漫畫；劉嘉路譯. -- 第一版. -- 臺北市：親子天下股份有限公司, 2024.1
228 面；14.8x21 公分. --（13 歲就開始；8）
譯自：The boys' guide to growth mindset : a can-do approach to building confidence, resilience, and courage
ISBN 978-626-305-625-1（平裝）
1.CST: 修身 2.CST: 思維方法 3.CST: 生活指導 4.CST: 中學生

192.12　　112017261